U0462552

命中注定

对美国九位总统的另类观察

王莹莹◎编著

当代世界出版社
THE CONTEMPORARY WORLD PRESS

序 言 Preface

在权力的走廊，似乎一切都是命中注定。虽然不同的人有不同的观点，但在行为心理学上，权力与人的行为一直存着内在的紧密联系，只是很少被人关注。

其实，权力是一种被动的人际关系，因为权力是被人授予的，只有被权力控制的人，源源不断授予权力，权力才能形成力量。所以，权力从来不是一件有形的物件，而是一个有条件的过程。授权一旦停止，权力便会消失。这就是为什么每一次美国总统大选都如此惊心动魄的原因。从行为心理学角度上看，每一位美国总统，都有一些不为人知的故事。

一、美国总统的权力到底有多大

权力会使人疯狂，权力会使人失去理智，权力在某种意义上是万恶之源。但人类一旦失去了对权力的控制，便会退回到洪荒的野蛮时代。当然即便是洪荒时代，权力也仍然存在。不过那个时代争夺的是与同类的交配权，而不是今天那些无处不在的、真实的和想象的权力。

美国是当今世界头号强国，亦是“世界警察”，拥有几乎可以主宰人类命运的权力。美国的这种巨大权力，也需要其他国家授予，所以一旦它失去其他国家的认同，便也会和当年的罗马帝国一样土崩瓦解。

今天的美国总统在理论上是美国的国家元首、三军统帅，同时也是“世界警察局局长”，自以为对绝大部分国际事务具有隐形的裁量权，有权依照美国国内法，对其他国家进行长臂管辖，对其他国家进行孤立、制裁，甚至宣战。那么，美国是否像人们想象的那样，真的拥有不受约束的权力呢？美国总统是否在国内也同样拥有权威，可以为所欲为呢？很遗憾，真实情况并非如此。在美国国内三权分立的制度约束下，总统的行政权受到了立法权、司法权的制衡，就像特朗普的推文会被美国社交媒体屏蔽那样，所以美国总统从来不具有绝对的权威。任何一位美国总统都无法为所欲为，无论是像哈定那样平庸的总统，还是像罗斯福那样伟大的总统。无论他们曾经取得过什么卓越的成就，抑或无所作为甚至犯下严重错误，都终归是历史长河中的一朵浪花。

美国总统为什么不能为所欲为，原因是，根据美国宪法，美国总统和地方州长都是由选举产生的。根据联邦法律，美国的 50 个州和联邦政府之间是平等分立的关系，只存在管辖范围和分工的不同，不存在行政隶属关系。联邦政府的管辖范围主要是对外事务，如外交、国防、关税等；州政府管辖的主要是与民众生活密切相关的事务，如财产、婚姻、治安等。作为美国国家元首的总统，仅有权任免联邦政府的高官，却无权任免州长。按照美国宪法，每个州的州长是由本州的民众独立选举出来的。选什么样的人、怎样选，都和联邦政府没有关系，既不需要总统提名，更无须总统同意。只有本州议会可以直接罢免州长，总统无权干涉。根据美国宪法，联邦政府不能干涉各州事务，但各州却可参与联邦事务。具体方式是：每个州选举两名联邦参议员，加入联邦参议院，代表本州民众参与联邦层面的外交和政治事务。各州还按照人口比例选举联邦众议员，参与联邦事务，维护和促进选民利益。孟德斯鸠说：“权力只对权力的来源负责。”由于美国总统、州长、参议员、众议员的权力都来自民众的授权，所以他们永远只对自己的选民负责。

二、美国权力的来源

在现代社会，宪法是一个国家的根本大法。而美国除了联邦宪法之外，每个州都有一部宪法，而且这51部宪法也不存在隶属关系。这种宪法体系正是对联邦制主权分享理念的表达和捍卫。联邦制下美国的51部宪法，只存在适用范围和管辖权的不同。联邦宪法针对的是全国性事务，州宪法针对的则是各州民众的日常事务。250年来，正是这种宪法体系，使美国成为一个颇具活力的国家。

美国的国父们在《独立宣言》中写下的这段话，是美国宪法不可挑战的原则：

> 我们认为下面这些真理是不言而喻的：人人生而平等，造物者赋予他们若干不可剥夺的权利，其中包括生命权、自由权和追求幸福的权利。为了保障这些权利，人类才在他们之间建立政府……当任何形式的政府对这些目标具有破坏作用时，人民便有权利改变或废除它。在美国建国者眼中，没有比自由更重要的事情。

所以，尽管美国各州宪法不尽相同，但都不约而同地将保护“个人自由”作为根本。

此后，为了防止联邦政府权力的无限扩张，防止联邦政府侵犯民众的自由，美国联邦宪法又增加了一些限制联邦政府权力、保护个人自由的修正案。作为整个宪法的一部分，美国州宪法始终是美国法治的基础，在美国宪制体系中居于核心地位。联邦宪法不过是联邦政府与州政府相互博弈、妥协的产物。为了确保三权分立，联邦有最高法院，各州也有自己的最高法院。对于只关系到本州事务的案件，州最高法院是终局裁决之地。只有那些涉及联邦事务的案件，才需要联邦法院裁决。为了防止因权力集中而侵犯民众的自由，美国法律在纵向上把联邦政府和地方政府的权力彻底分开，横向上将国家的主要权力分立为行政、立法和司法。在美国，县市能解决的事务，州政府就不插手；州政府能够解决的事务，联邦政府就不插手。也就是说，只有当小团体需要帮助的时候，大团体才可以介入。这其实就是哈耶克所说的自发秩序的胜利。所以任何一位美国总统，都只是这种自发秩序的必然产物。这也是为什么每一位美国总统在获得相同内容授权的情况下，内外政策和个人风格仍各有不同。

那么，导致美国总统行为和风格不同的原因到底有哪些？哈定、胡佛、罗斯福、肯尼迪、尼克松、里根、克林顿、小布什、奥巴马这些曾经立于世界政坛巅峰的人，他们的背后都有哪些不为人知的故事？总统家庭带给他们的是磨难还是财富？从这些美国历史上重要人物的原生家庭、从政轨迹和执政期间的主要政策入手，我们可以了解到哪些曾影响美国乃至人类命运走向的事件？它们为什么会发生，这一切真是命中注定吗？

目 录 Contents

入主白宫的美国总统，至少有50％出身于政治世家，80％在名校受过良好的教育。1920年总统大选的胜利者哈定，他不仅没有显赫的家世，也未受过良好的教育。他只是俄亥俄州一所不起眼的长老会学院的毕业生，早年仅当过小镇记者和律师。

诗人卡明斯曾经尖刻地嘲讽道："在所有识字的人里，只有他能做到写一个简单陈述句就要犯七处语法错误。"就连哈定的竞选口号"回到常态"（Return to Normalcy）里也有一个他自造的不规范新词Normalcy。可为什么1920年大多数美国选民，还是把他们的那一票投给了哈定呢？哈定总统的横空出世，不仅是当时共和党内大佬们权衡利弊之后的产物，而且也是那个时代美国人民预期的产物。

第二章　末日总统胡佛

末日，在人类社会中是一个令人恐惧的字眼，当然在现实中这一天从来没有出现过。但是在美国近现代历史上，曾有一位总统几乎将美国乃至世界带到了末日边缘，这个人就是 1929 年 3 月登上美国总统宝座的胡佛。

和哈定不同，胡佛是一位私德无亏、工作干练而有能力的总统。虽然没有任何证据表明，发生在 20 世纪 20 年代末 30 年代初的大萧条与他有直接的联系，但它所产生的破坏性影响却与他执政时所采取的政策有着必然的联系。

第三章　拯救世界的罗斯福总统

在美国历史中，除了上帝，只有为数不多的人，注定不会被历史遗忘。从大萧条开始到二战行将结束，其间担任美国总统的罗斯福就是其中之一。

罗斯福出身于政治世家，他的原生家庭对他的命运产生了深远影响。

第四章　被诅咒的肯尼迪总统

从平民到总统，从富到贵，不同的人可以看到不同的风景，但是任何人都只是历史的匆匆过客。

虽然肯尼迪家族被媒体称为美国近代历史上最为显赫的家族之一，但实际上他们是 150 年前爱尔兰人移民的后裔，在美国的地位甚至比今天的非裔美国人还要低。

正是由于肯尼迪家族早年的卑微，才使得老肯尼迪希望自己的下一代大富大贵。最终，中间偏左甚至有些社会主义思想的肯尼迪遂了老肯尼迪的心愿，成了二战胜利后美国20世纪非常闪耀的明星总统之一。他是美国第一位不是新教徒的总统，仅在位三年就被刺杀身亡。

第五章 尼克松总统无底线的代价

尼克松当选美国总统之前，曾担任过八年的副总统。之所以默默无闻，是因为美国社会长期对副总统的关注很少，副总统在某种程度上只是一个“备胎”。只有在总统死亡或不能履职时，他才是总统职位的第一法定继承人。二战之后，只有三位副总统在总统发生意外时继承了总统职位，其中两位是在总统意外死亡后继承的，只有尼克松政府的副总统福特是在尼克松无法合法履行职务后继承的。

第六章 改变美国命运的里根总统

里根心中一直有一位英雄，那就是富兰克林·D.罗斯福，一个将他和全家人从即将到来的灾难中拯救出来的人。所以，里根的一生都是狂热的罗斯福主义者。他在十次大选中都把选票投给了罗斯福，还模仿罗斯福的演讲风格，包括语音语调、拿雪茄烟的姿势。罗斯福在1933年就职演说中的一些生动词句令里根一生刻骨铭心，特别是那句“我们唯一需要恐惧的是恐惧本身”。

第七章 民主党总统克林顿

克林顿于1946年8月19日出生在阿肯色州，1979年到1982年担任阿肯色州州长，1990年被民主党选为全国委员会主席，1992年当选为第42任美国总统，1996年成功连任。克林顿是美国历史上仅次于罗斯福和肯尼迪的第三年轻的总统，也是首位出生于二战后的总统，他还创造了二战后美国总统离任最高支持率纪录（65%的民意支持率）。

第八章 牛仔总统小布什

很多媒体将小布什描绘成没有文化甚至有些粗鲁的人，这当然是一种误导，否则就无法解释他为什么能继父亲老布什后当选美国总统。作为美国历史上最成功的政治家族，布什家族在短短100年间就完成了从俄亥俄州的工人家庭到顶尖政治家庭的蝶变，这其中也折射出了美国金钱与权力勾连的本质。

第九章 第一位非洲裔美国总统奥巴马

奥巴马出生于1961年8月4日，民主党人，第44任美国总统，美国历史上第一位非裔总统。奥巴马曾在自传《我父亲的梦想》一书中这样描绘自己的母亲，他写道：“在我的生命中，她（母亲）是独一无二的永恒。在她身上，我看到了最仁慈、最高尚的精神。我身上的所有优点都源于我的母亲。”“她一直努力维持家庭生计，别的孩子有的她也会满足我们，她一直在扮演着父亲和母亲的双重角色。”母亲无疑是奥巴马成功路上最重要的引路人。

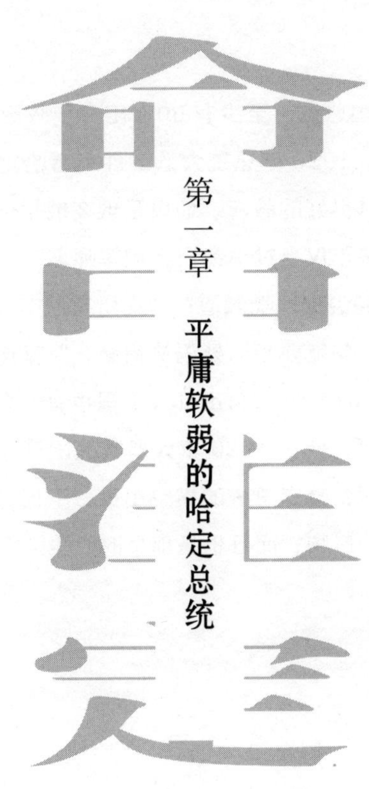

第一章 平庸软弱的哈定总统

入主白宫的美国总统，至少有50％出身于政治世家，80％在名校受过良好的教育。1920年总统大选的胜利者哈定，他不仅没有显赫的家世，也未受过良好的教育。他只是俄亥俄州一所不起眼的长老会学院的毕业生，早年仅当过小镇记者和律师。

诗人卡明斯曾经尖刻地嘲讽道：“在所有识字的人里，只有他能做到写一个简单陈述句就要犯七处语法错误。”就连哈定的竞选口号“回到常态”（Return to Normalcy）里也有一个他自造的不规范新词Normalcy。可为什么1920年大多数美国选民，还是把他们的那一票投给了哈定呢？哈定总统的横空出世，不仅是当时共和党内大佬们权衡利弊之后的产物，而且也是那个时代美国人民预期的产物。

一、为什么是哈定?

对于历任美国总统，已有很多人做过各种不同的分析，但却鲜有人从人类行为心理学角度进行分析。根据我们对美国社会的分析，最后得出的结论是：正是由于当时美国人心理上的极度疲惫，才使哈定草根逆袭登上了美国总统的宝座，是他那句“回到常态”的口号击中了选民的软肋。因为在第一次世界大战中，美国有超过250万的青壮年应征入伍。一战结束后，从普通人到工商业大亨心理都已极度疲惫，不再对纷繁复杂的世界事务抱有兴趣，而是从骨子里渴望回归田园生活，享受“葛优躺”。而哈定的口号代表了当时选民的心声：美国当下需要的不是英雄主义，而是休养生息；不是革命，而是恢复；不是手术，而是静养。

于是，当时的美国便选择了一位才干稍逊、权力欲不那么强的哈定做总统。但问题是，强势产生压力，而平庸注定软弱。

有一本不太为世人所知的书叫《硬球》，书中有一段话发人深省：有人说，关键不在于你是谁，而是你想成为谁？当然，这不是真理，因为我们很多人都认为，自己一生的幸福与不幸都是命中注定的。但如果真的一切都是命中注定的，那么出身寒门的哈定，又怎么可能成为美国总统呢？

人的一生正是由于具有一定的不可知性，生活才能如此精彩，痛苦的只是我们每一个人的一生都无法摆脱原生家庭和婚姻带来的生理与心理上的影响。我们每一个人，一部分潜意识，总是在重温童年的美好，修正童年的错误，弥补童年的缺失，而成年后生理上的健康状况则会直接决定我们的行为偏好。

哈定在语言上对美国社会的安抚给美国社会带来的是放松。它在一个国家平稳发展时期是康复性的，但在社会发生剧烈变化的时期，放松的代价则非常高昂，因为各种问题不会因此销声匿迹。

历史不能假设，但历史可以追溯。哈定之所以能当选总统，就是因为，当时的美国正在寻求安定和道德恢复。他们心理上对于总统的期望，不是推动国家的进步，而是医治创伤。

在美国历任总统中，哈定是一个很特别的人，他虽掌握着与其他的总统一样的权力，但却不情愿使用这种权力。

从历史的记载中我们可以发现，哈定在他的总统任内，非常不情愿投身于自己的工作，他遇到冲突和不确定性时就退避三舍，转而用他超人的语言艺术，重复强调那些模糊的原则和程序性安排，从而使受众和自己都进入自我催眠状态之中。

当时的一位名人阿瑟·林克是这样评价哈定的："命运无情，它让哈定做了总统，而他却才能平常、意志薄弱，而且显然缺乏辨别是非的能力。"

二、哈定的逝世

古今中外，同情弱者的潜意识，总是让人忘记厌恶与仇恨，甚至它会让绝大多数人选择性失去记忆。因此在评价一个人一生的文字表述中，言过其实的溢美之词一定是悼词，即便那个人曾让你厌恶或者仇恨，你对他的憎恨也会随着他的死亡而随风飘散。所以，对于哈定这样一位平庸并且不称职的总统在任内的逝世，很多知名人士和普通民众仍痛惜不已。

死亡是对一切罪恶最好的宽恕。所以，当时的小西奥多·罗斯福（Theodore Roosevelt）在哈定逝世后说："哈定与我们历史上的所有人一样，把自己的生命奉献给了我们的国家"。受小西奥多·罗斯福这样的名人影响，哈定逝世之后，各家报纸，甚至是对他持有敌意的报纸，都刊登了铺天盖地的悼念诗词和充满感情的图片，还竞相配发加了黑色边框的社论，缅怀这位"敬爱的总统”。哈定死于从阿拉斯加返回华盛顿的途中，一些相信阴谋论的人说，哈定极有可能死于其妻子公爵夫人之手，因为公爵夫人在哈定逝世后不允许对总统遗体进行尸检。

哈定逝世后，一列火车受命把他的遗体运回华盛顿，原计划除了更换车头之外一刻不停。但从始发站开始，专列就因为“人民的沉痛悼念”而运行缓慢。在加利福尼亚，人们带来了数不胜数的鲜花，覆盖在棺材所在的车厢上，摆放在铁轨沿线。成群结队的学生一起唱他最喜欢的圣歌《指引我，仁慈的光》和《上帝，我向您靠近》。田间的农民停下手中的活，向驶过的列车肃立默哀、脱帽致敬。在内布拉斯加州的奥马哈市（Omaha），四万市民在凌晨两点冒雨恭候列车的到来。无论是内战时期的、美西战争时期的还是第一次世界大战时期的老兵们，都身着严整的军装列队站在铁路两旁。汽笛声响起后，多架飞机在空中拖出一条条黑色的飘带。在芝加哥，30 万泣不成声的群众让专列只能缓缓前行。在哈定的故乡俄亥俄州，更有成千上万的人整夜守候着。在华盛顿，新总统及其内阁与悲痛和好奇的群众一起恭候灵车的到来。第二天，成千上万的人列队从遗体旁走过，向哈定致以最后的敬意，然后灵柩被专列运往哈定的家乡俄亥俄州的马里恩（Marion）安葬。专列所到之处，同样有众多群众沿途默哀。最后，专列到达的那个炎热的下午，成千上万的男女老幼列队走过未加盖的棺材，平均每分钟 35 人，直到凌晨两点。到第二天日出之时，人们又排起了长长的队伍，越来越多的俄亥俄人冒着酷暑，依次向哈定的遗体告别，当卫兵最后盖上棺材时，仍然有两万人在门外等候着。

所以，死亡是对一切罪恶最好的宽恕。

哈定的遗体运到墓地之后，由陆军、海军和海军陆战队士兵组成的仪仗队，抬着哈定的灵柩经过常春藤环绕着的大门，进入了黑暗的墓穴里面。他们走出来之后，在阳光下笔直地站成两排，守卫在门廊的两侧。一位军号手走上前去，用一把银号吹响了安息号，随着最后一声安息号逐渐消逝，一个步枪支队鸣了 21 响礼枪。在这极度的哀荣中，哈定时代结束了。

三、宿命

对哈定性格产生最大影响的是他的原生家庭。正是他的原生家庭，使哈定从幼年时期开始就竭力用附和、友善、回避冲突和联络感情等方式解决他遇到的所有问题。各方面的材料都显示，哈定擅长的是争取友谊而非取得成绩。由于家庭和成绩的原因，14 岁时，哈定来到伊比利亚大学（Iberian College）——他父亲 20 年前就读过的一所普通大学学习。据他后来的一位室友回忆，哈定在大学期间成绩平平。

哈定 16 岁那年，他家搬到了县城马里恩。正是在这里，他走上了自己的成名之路，但如果只沿着这条路走，他只会成为这 4500 人的县城里一个精力充沛的普通人。

哈定不是一个有毅力的人，他曾在一个五金商店当过店员，但在那里只干了几个星期，然后他通过了教师资格考试，在离马里恩三公里开外的地方找到了一份很好的工作。但是教学工作的枯燥很快就令他忍无可忍，他说："这是我干过的最辛苦的工作。"几个月之后，他兴高采烈地宣布："到本周末，我的教书生涯就将画上句号。"哈定 17 岁那年的春季，他的父亲说服闲在家里的哈定学习法律，于是他读了一阵子布莱克斯通（Blackstone）的著作，但仍然是半途而废。再然后他又尝试去卖保险，但他的第一笔大买卖就鸡飞蛋打。如果不是因为偶然，哈定必将一事无成。直到 18 岁那年，哈定作为马里恩《每日星报》的代表，前往芝加哥参加了共和党全国代表大会，一切才开始转变。视野决定未来，正是因为哈定参加了这次共和党全国代表大会，才使他大开眼界、豁然开朗。他决定入股当时马里恩的《每日星报》，虽然这是一份时办时停的报纸。他和两位朋友，各筹资 100 美元买下了这家报纸，并由哈定担任主编。哈定很快就成了大多数当地新闻的撰稿人。哈定接手马里恩《每日星报》后，报纸发行量大增，部分原因在于，马里恩正在蓬勃发展，但其中也有女性读者荷尔蒙的作用。哈定的同事后来回忆说："作为一名广告推销员或者游说者，哈定一向都是马到成功，他尤其能让女人相信，她应当'慷慨解囊'。原因是，哈定英俊的外表，使很多女人的荷尔蒙大幅上升。"当时，《每日星报》刊登的内容包括街坊邻居的闲言碎语、本县其他报纸摘要、从各种出版物上精选的笑话和故事、本县新闻等，甚至还有一些国际新闻。尽管这些只是那个时代小城镇报纸的标准语言，但是哈定在干巴巴的商品广告之外，又平添了些戏剧性的元素。马里恩《每日星报》蓬勃发展之后，哈定开始越来越积极地参与政治活动，引起了福勒克州长（Governor Foraker）的注意，正是这位州长将他引上了从政之路。自此，在各种俱乐部里，哈定都是会员之一；在很多政治会议上，都少不了他的身影。引人关注，是所有政治家成功必须具备的条件，其实所有人的成功，都离不开被人关注这个前提。

四、软饭硬吃？还是硬饭软吃？

25 岁时哈定娶了弗洛伦丝·克林（Florence Kling）为妻，这是哈定软饭硬吃的开始，也是哈定不幸的萌芽。当然很久以后的另一位美国总统克林顿也和他一样不幸，因为克林顿的妻子希拉里和弗洛伦丝一样，也是一位女强人。从行为心理学的角度上看，哈定与克林顿后来的很多行为一样，主要是想逃离妻子的世界。

在现实生活中，弗洛伦丝比希拉里更强势。在嫁给哈定之前，她已是一位任性、强势、有一定名气的女性。由于哈定的平庸与软弱，她结婚后便拥有了支配哈定的权力，从而成为在精神上奴役哈定的"公爵夫人"。

弗洛伦斯对人的要求很高，但她也确实非常能干。在他们结婚两年半后，哈定因健康原因住进疗养院，她便直接接管了马里恩《每日星报》。她写道："我过去是想帮几天忙，但在那里一待就是 14 年。"她用铁一般的手腕管理报社，把混乱的账目整理得一清二楚，并根据经济情况开展业务活动。从那时起，她像一个职业拳击手的经纪人那样，驾驭着自己的丈夫。她的要求是，哈定一定要行走在她指定的通向政治成功的轨道上。

让"擅长调和"的哈定最后成为政治家的最为重要的一次机会则来自一次偶然。有一天早晨，哈定在旅行途中，来到一家乡村旅馆后院的汲水桶边，递烟的时候与另一位来找水喝的政界人士搭上了话。这个人就是前共和党州主席哈里·多尔蒂，当时的他正在争取共和党的州长候选人提名。多尔蒂后来告诉他的朋友们说，当他见到这位相貌出众、谈吐不凡、体形健美的人之后便感叹道："他将是一位多么英俊的总统啊！"21 年后，多尔蒂把他的这一印象变成了现实。多尔蒂认为，哈定有着罗马皇帝般的相貌，而英俊的外表更容易让人产生好感与信任。当然，哈定洪亮的嗓音，以及用最深刻的方式表达最无聊的思想的本领，也是哈定这位才智平凡的人后来能当上总统的重要原因。哈定是在后台老板们（kingmakers）面临分裂危险时得到提名的，他被提名的主要原因是他在政治上没有鲜明的特色。这很讽刺，他获得提名不是因为他是什么，而是因为他不是什么，也没有什么。

一个平庸且缺少安全感的总统，不可能成为一位称职的领袖。因为他极度压抑与孤独，所以当上总统之后，哈定便强迫自己相信，他的朋友都是真朋友。对于总统的权力，他并没有太多兴趣，因此对各种问题采取的行动多是一时心血来潮，其目的仅仅是显示自己并不软弱，他一直用含糊其词的话语，掩盖自己的优柔寡断。而那一帮头顶维多利亚式辉煌的共和党大佬，在他当选美国总统之前，从未能真正看透哈定。在他们看来，哈定是一个拿得出手的联邦参议员，无论他过去如何，未来他一定是一个可塑之人。

然而，令哈定最为恐惧的是，他虽然能够博得群众的喜爱，但问题是，这种喜爱却只有通过毫不手软地打击他们的朋友才能维持下去。所以他一直都异常地焦虑和痛苦。

与真正的爱情相比，政治爱情是浮在表面、转瞬即逝的。这种爱情的危险在于，它会将使总统的注意力从无情的政治现实中转移出来，将各种更大的目标扭曲成只关注他的亲密朋友的生存状态。哈定一直是孤独地站在这舞台，听着掌声响起来的那个人。

五、哈定的原生家庭

哈定生于俄亥俄州。母亲菲比是个医生，而父亲乔治·特赖恩是一个美国独立战争时的老战士。因为有谣言说哈定的家族有黑人血统，所以哈定的童年充满了苦恼，他也因此养成了温顺服从的性格。

哈定是在卢布明·格罗夫村仅有一间教室的小学校里上学的，10 岁时他随父亲迁移到小城喀里多尼亚郊区的一个农场。虽说他身体强壮，块头也大，具备参加体力劳动的能力，但他对于日常的农场杂活非常厌恶。14 岁时，哈定就读于俄亥俄中央学院，在那里他编辑了校园报纸，并成为一名出色的公众演说家。1882 年毕业后，他在一所乡村学校任教，同时还卖保险。同年，他和两个朋友在俄亥俄州马里恩购买了几乎停业的《每日星报》。在哈定的运营下，该报纸逐渐繁荣起来。1891 年，哈定与弗洛伦斯·克林结婚。

哈定是一位英俊潇洒、风度翩翩的美男子，但弗洛伦斯离过婚，且比他年长五岁，长得并不漂亮又飞扬跋扈。对这样一门亲事，哈定的父亲极力反对，然而哈定有他自己的打算，弗洛伦斯十分富有，且拥有敏锐的商业眼光，哈定想以婚姻为“跳板”，找到一个“靠山”，逐渐改变自身社会地位低下及随之而来的不稳定感。当然，婚后的哈定并没有实现他的愿望。婚姻的确使他摆脱了底层的社会生活，但有得必有所失。

专横跋扈的女人令人生畏。在家庭中哈定从未感到轻松。婚后的哈定成了城市中的“大名人”，并被聘为许多企业的董事和共济会等社会团体的负责人。哈定很快就发现，凭着他那华丽浮夸的语言和押韵悦耳的词藻，完全能够迷住那些醉心于花言巧语的听众，尤其是女性听众的心。哈定的雄辩天赋成功吸引了俄亥俄州手腕高明的政客哈里·M. 多尔蒂的注意，正是他把哈定推入到激烈的政治斗争中。1914 年，哈定当选联邦参议员。

随着政治地位的提高，长期性压抑的哈定对自己的家庭生活越来越感到不满。于是，他便开始背着严厉的“女公爵”寻花问柳。他的婚外情对象包括好朋友的妻子——卡丽·菲利普和比他小 30 岁的布里顿，后者还为他生下一女。

六、纸牌屋中的木偶

在哈定担任联邦参议员的六年里，他的工作并不出色，没有提出任何重要的法案，也没有取得任何值得回顾的政绩。尽管如此，他开朗的性格、雄辩的口才、虔诚的信仰，以及他代表着一个重要州的事实，都加强了他在共和党中的地位。而且出人意料的是，哈定获得了共和党两派（1912 年共和党一分为二）的共同支持。共和党原本想要胡佛、伦纳德·丛德将军或哥伦比亚大学校长尼古拉斯·默里·巴特勒作为总统候选人，但他们却发现像威尔逊这样太有自己想法的领导人让这个国家太疲惫不堪了，国会在他的眼里不过是一枚橡皮图章，于是他们转向了当时担任联邦参议员的哈定，一个最普通、最令人放心的美国人。

1916 年，哈定当选为共和党全国代表大会主席，并在大会上发表了施政演讲。尽管在 1920 年，哈定在共和党芝加哥全国代表大会上接连三次的败选让他变成一个笑柄，然而，多尔蒂向记者大胆预测，一群疲惫的政党领袖最终将会选择哈定作为妥协。结果竟证实了这个不可思议的预言。

在芝加哥 6 月的一个炎热的夜晚，将近午夜，共和党提名大会在几次讨论无果后休会，哈定被叫到黑石酒店的一个房间会见该党领袖。哈定被问道是否做过任何让党难堪的事，哈定要求时间考虑一下。十分钟后，哈定回到房间，并表示他的历史是清白的。大会继续举行，经过十次投票，哈定被选为共和党总统候选人，马萨诸塞州州长卡尔文·柯立芝为哈定的竞选搭档。

当时，民主党提名的候选人是俄亥俄州的州长詹姆斯·考克斯，他的竞选伙伴是年轻有为的海军部副部长富兰克林·罗斯福。考克斯和罗斯福在美国巡回宣传支持国际联盟及一系列进步事业的民主党政纲。然而，民主党的政治和金融组织却陷入混乱，他们在禁酒令和其他问题上产生了内部分歧。民主党主张加入国际联盟是“维持世界永久和平和摆脱军事负担最可靠、最切实可行的手段”。然而，民主党的纲领与 1920 年国家厌战、幻想破灭的国民情绪格格不入。考克斯还试图指控哈定腐败，并将支持哈定的选民描绘成叛徒，但没有成功。

哈定竞选的指导原则是强调保守。除了倡导降低税收和限制移民外，他还呼吁在当时的社会和政治动荡中恢复“正常状态”。这对正面临一场经济危机的美国人有很大的吸引力：他们期望提高工资，改善战后生活，限制垄断资本的进一步扩张。

哈定宣称：“美国现在需要的不是英雄主义，而是治愈；不是灵丹妙药，而是正常化；不是革命，而是恢复；不是激动，而是平和；不是实验，而是平衡；不是被国际事务拖累，而是在国内取得成功。”这些含糊其词的说辞产生了很好的效果，无论是支持还是反对加入国际联盟的人都有理由投票给哈定。

事实上，大多数选民想要的只是自由放任的政策。

哈定最终以 404 张选举人票对考克斯的 127 张选举人票、普选票 60.3% 对 34.1% 的差距，轻而易举地赢得了选举，这也是美国总统选举历史上最大的差距。共和党人认为，这次大胜是对威尔逊在国内的进步政策和他在国外的国际主义政策的纠偏。同时，选举结果也在一定程度上反映了美国选民对战后的不满和对和平生活的渴望。

七、平庸有错吗?

1921 年 3 月 4 日，哈定宣誓就职，他是第一个坐汽车到白宫总统办公室的总统。他的就职典礼首次在广播上转播，英国记者惊讶地说，“哈定的就职演说是迄今为止一个文明政府首脑发表的文字水平最差的声明”。

哈定政府是一届充斥着汽车和石油行业富人背景的政府。一战期间，美国汽车工业蓬勃发展，石油工业在美国工业中的主导地位日益增强，而哈定政府就以其明显代表汽车和石油资本的利益而闻名。哈定的政府中，国务卿休斯原是美孚石油公司的经纪人；陆军部长魏克斯原是摩根公司的波士顿交易所经理；商务部长胡佛原是战后美国善后救济总署署长，胡佛本人就是个大资本家，与摩根电力信托公司关系密切；财政部长梅隆原是美国铝业信托公司老板、金融寡头，与洛克菲勒、辛克莱石油巨头和银行家道奇关系密切；内政部长福尔原是前新墨西哥州参议员；司法部长多尔蒂原是俄亥俄州共和党领袖。

哈定政府被媒体称为“扑克内阁”，因为哈定每周与他的内阁成员打两次扑克，其中包括梅隆、哈威和辛克莱。就连西奥多·罗斯福的女儿爱丽丝·罗斯福·朗沃斯 (Alice Roosevelt Longworth) 也看到了散落在白宫总统桌子上的一盒盒扑克牌、盛满威士忌的高脚杯（在禁酒令时期），“俄亥俄州的那帮子人”

敞开背心，把脚放在桌子上围坐着，叼着雪茄吞云吐雾。

当然，哈定并不是没有为美国做过任何好事，由他倡议并由国务卿休斯组织的关于限制军备的华盛顿会议就是一件好事。会议于 1921 年 11 月至次年 2 月召开，达成了限制美、英、日、法、意军舰吨位的协议，规定美国、英国、日本、法国、意大利主力舰总吨位的比例为 5 ∶ 5 ∶ 3 ∶ 1.75 ∶ 1.75。该协议限制了英国和日本的军事力量，推迟了美日之间激烈的海军竞争，并促成了四国条约和九国条约的签署。

哈定倡导的所谓“常态”是相对于第一次世界大战期间美国社会的波动和不安而言的，目的是寻求从战时的政治经济动员和管制状态，恢复到和平时期的正常社会状态。

自由放任一直是美国共和党传统的经济施政理念。因此，哈定政府的“常态”政策，在经济领域首先表现为恢复自由放任的“常态”，把国家从之前的国家垄断资本主义，恢复到自由竞争的私人垄断的状态。从 1787 年建国到 19 世纪末，美国资本主义市场一直在英国古典经济学自由主义的理念下成长和发展，但资本主义制度下的自由竞争必然导致企业在市场活动中或联合或兼并或破产，随着资本的进一步积累就必然导致垄断的产生。到 19 世纪末，托拉斯的大量存在严重阻碍了市场的自由竞争和机会公平，迫使联邦政府颁布《谢尔曼反托拉斯法》《克莱顿反托拉斯法》等法律来抑制企业的兼并风潮。由于哈定政府中的许多高官本身就是大财团、大企业的成员或是这些利益集团的代表，所以他们对哈定政府自由放任政策施加了很大影响。为了扭转 1920—1921 年的经济萧条，哈定政府形成了这样的共识：过分的行政干预和法律限制，会抑制企业活力和市场繁荣。于是在哈定政府的“常态”政策下，无论是内政还是外交，均围绕发展国内经济而展开。

哈定的前任威尔逊政府为了应对一战，供应协约国前线战事，财政支出大幅增加，所以被迫发行大量国债，1919 年国债发行量达到 254.845 亿美元。而哈定为了解决由此造成的高额财政赤字，除了实施刺激经济、促进生产以增加财政收入等政策，还积极推行压缩政府开支、平衡预算的“节流”政策，以谋求财政的常态化。为此，哈定任命芝加哥银行家查尔斯·道森为首任预算局局长。道森将企业财务管理方法引入国家预算机制中，很快收到成效。1923 年哈定政府成功扭转赤字，实现了 20 亿美元的财政盈余。从此，美国历史上首次建立了国家财政预算体系，实现了财政的可控化和常态化。哈定在从政之前有过在新闻界工作的经历，这使他本人对媒体的运作和效用十分了解。因此，他上任后建立了与新闻记者亲密友好的关系。不仅如此，哈定还设立了“白宫发言人”制度，在政府和公众之间建立了更为有效的沟通机制，使哈定政府与公众的沟通也实现常态化。

美国对东欧、远东和其他非工业化地区的政策指导原则是：维护“门户开放”政策，目的是为美国的工业出口找市场，为美国的企业找原料，以及通过建立工厂和其他经贸方式直接参与他国的经济生活。一战后在国内经济萧条和扩大国际销售市场的双重压力下，同时为了遏制日本独霸中国甚至东亚的战略企图，哈定政府在远东地区重提“门户开放”政策，试图建立一个“渗透着美国经济与意识形态的门户开放的世界”，“一方面协调工业化国家维护政治和领土现状，防止破坏性的战争；另一方面，防止来自欠发达国家的民族革命威胁，以免影响工业化国家建立起来的基本的经济和法律框架”。

纵观哈定的总统生涯，虽然他在推动举行华盛顿会议、限制列强间的军备竞赛方面取得了一定成果，在国内推行一系列积极的经济政策，为之后的“柯立芝繁荣”奠定了基础。但由于他的执政风格和私生活饱受批评，还是给国民留下深刻的负面印象。

八、这是历史的幸与不幸

“时势造英雄”，正是时势让一个平庸的美国人当上了总统，不知道这是历史的幸还是不幸?《芝加哥论坛报》在 1948 年、1962 年和 1987 年三次对总统进行评选调查，分别选出了十名“最好的总统”和“最差的总统”。其中，最优秀的前三位总统分别是亚伯拉罕·林肯、乔治·华盛顿、富兰克林·罗斯福，而最差的总统中第一名就是沃伦·哈定。

美国著名史学家阿瑟·林克和威廉·卡顿在他们合著的《美国时代》一书中这样描述哈定：“把一个平庸之辈推上总统宝座，这实在是历史开的一次玩笑，然而这种玩笑也并非个人意愿的产物。”马克思在谈及路易·波拿巴时说，“法国 1848 年二月革命后的历史演变，使得一个平庸而可笑的人物有可能扮演英雄的角色。”哈定上台后，一再虔诚地表示自己要当一个好总统。他说：“我不想成为一个伟大的总统，但是，也许我可以作为一个最受人爱戴的总统而留在人们的记忆中。”为了使每个人都喜欢他，他几乎是卑躬屈膝地工作，让国会和内阁去领导立法和外交政策。也许是因为哈定过分“善良”了，使得他十分轻信别人的诺言，于是一些只会花言巧语、夸夸其谈，暗中却想捞一把的人被哈定拉到了身边。

历史有情亦无情。哈定因为平庸而坐上总统宝座，但并没有如他自己所希望的那样“作为一个最受人爱戴的总统而留在人们的记忆中”。恰恰相反，他留在人们记忆中的是美国历史上“最差的总统”。然而当人们将哈定评判为最差总统时，应该只责备他一个人吗?莫鲁瓦在他的《美国史》中写道：“选民们之所以挑选他，就是因为他是一个平庸的美国人。他们的错误也正在于想把一项超人的任务委托给一个庸人。”当然，大多数选民是被蒙在鼓里的，真正要负责的是一批政客和可怕的“社会惰性”情绪。当然，最主要的还是当时美国社会尚未十分紧迫地把“一项超人的任务”提到历史舞台上来，只有到了第二次世界大战的前夕，美国才需要和可能产生像罗斯福那样杰出的政治家。在哈定时代，美国社会只需要也只可能产生类似哈定那样的平庸之辈，这是哈定的悲剧，亦是时代的悲剧。

九、软弱与平庸的代价

在前往阿拉斯加开始“谅解之旅”时，哈定就曾对威廉·埃伦·怀特哀叹地说：“我的上帝啊，这简直不是人干的活！我与敌人之间倒是没什么，我可以把敌人们关照得好好的。但是，怀特，我那些该死的朋友们，我那些该千刀万剐的朋友们，他们是一帮让我彻夜难眠的家伙啊！”所以，与其说哈定是因为工作劳累而死，倒不如说他死于朋友们的背叛。因为哈定在整个旅途中都很难进入睡眠状态，他异常焦虑与烦躁。于是，他整日无休无止地打桥牌，他似乎从来不想一个人待着，总是缠着别人交谈到深夜，他心里显然有什么揪心的事。

在此次旅行途中发表演说时，他几乎已没有了昔日能言善辩的风采。

在驶往阿拉斯加的小船上，他把商务部长赫伯特·胡佛叫到船舱里：“如果你得知我们的政府里有一个巨大的丑闻，你是选择为了国家和政党的利益将之公之于众，还是把它隐瞒起来呢？”胡佛回答道：“公之于众，至少要让人们相信你是诚实的。”但当胡佛问哈定出了什么事时，哈定便立即终止了谈话。由此可见，哈定的焦虑与绝望一定与此相关。因为，在哈定找胡佛谈话之前，海军的一架飞机从华盛顿给哈定送来一封加密的长信，哈定看完这封信后立即就崩溃了，一整天都在自言自语，并向身边的每一个人讨教：如果总统的朋友犯了错，他该怎么办？直到他乘坐的船停靠在温哥华，哈定情绪才稳定了一些；然而当他的船离开加拿大再次驶向大海从侧面撞上了一艘驱逐舰时，哈定又一次陷入了绝望。事故发生后，哈定的贴身保镖布鲁克斯（Brooks）第一时间冲进他的船舱。此时的哈定躺在床上，双手捂着脸，询问发生了什么事情。布鲁克斯告诉他，只是发生了一起轻微的撞船事故。哈定却说了一句：“我希望船沉下去。”今天的我们当然无法知道当时的哈定在想什么，但哈定能说出如此绝望的话，足以证明他已生无可恋。

哈定为什么会生无可恋呢？或许这一切要追溯至哈定当选美国总统之初。因为缺乏自信，哈定打算组成一个由知名人士和他的朋友们组成的内阁，来承担他应该承担的责任，但他的想法未能如愿。针对国务卿的职位，哈定先是邀请了著名的尼古拉斯·默里·巴特勒，但遭到拒绝，于是他便提名了来自西部的好友、参议员艾伯特·福尔（Albert Fall）。巴特勒得知后深感震惊，他提醒哈定：“福尔在科罗拉多声名狼藉，不能提名他担任任何内阁职务。”虽然最后哈定还是接受了巴特勒的意见，提名了无可挑剔的法官查尔斯·埃文斯·休斯担任国务卿，但这加深了他的不安全感。最后哈定不知为何，还是提名了福尔担任内政部长，后来也正是这一提名使他追悔莫及，深陷绝境。

软弱的人通常会反复无常。哈定上任之后便置许多反对意见于不顾，执意要回报自己政治上的良师益友哈里·多尔蒂，他把司法部长一职给了多尔蒂。哈定还在公开场合说，“哈里·多尔蒂从一开始就是我最好的朋友。我已经告诉他，在我的内阁中，除了国务卿之外，他可以得到他想要的任何职务。他说他想当司法部长，我就向上帝保证，他将成为司法部长！”[①] 因为哈定认为，如果不给多尔蒂他想要的东西，自己就是一个忘恩负义的人，这就是所有不自信的人都会在乎的一种潜意识。有恩必报，对个人来说或许是优良的品德，但作为美国总统则是致命的弱点。

---

① Francis Russellf, *The Shadow of Blooming Grove*, New York: McGraw-Hill, 1968, p. 588.

哈定很想让查尔斯·道威斯（Charles E. Dawes）担任财政部长。道威斯是一个经历丰富的人物，曾担任过麦金莱政府的货币审计官，但道威斯也拒绝了哈定的邀请。同样出于报恩的考虑，哈定否决了伊莱休·鲁特担任战争部长的决议，而是任命了平庸的约翰·威克（John W.Week）为战争部长。因为威克是共和党的一位主要资助者。

据当时纽约《世界报》（*The World*）的报道，哈定政府的内阁主要由哈定的密友组成，而且除了休斯和胡佛之外，所有人或多或少都是总统打扑克的固定牌友，这也就注定了哈定在任期内一定会被朋党所左右。随着令人震惊的丑闻不断被曝光，哈定任内的一切努力几乎都化为乌有。而这些令人震惊的丑闻几乎都与哈定的密友有关。

例如，被哈定视为恩师与密友的多尔蒂说，他在煤矿和铁路工人罢工的幕后，看到了“苏联政府的红色代理人”的可怕之手，于是便立即发布了一条不可思议的禁令，禁止罢工工人集会、组建纠察队和进行宣传，这在美国是违宪的。于是一位国会参议员提出了弹劾司法部长的决议案，正是因为这份弹劾决议案，使得共和党在 1922 年的民调中遭到了严重挫败。

同年秋天，哈定的老朋友——退伍军人管理局局长福布斯上校（Colonel Forbes）开始大规模、有组织地盗窃国库。他先将每套 1.27 美元的新床单以每套 27 美分的价格卖出 84,000 套，随后他的退伍军人管理局再以每套 30 美分的价格进行回购。

哈定的一生充满了不幸和戏剧性，他德薄才鲜，性格优柔寡断，短短两年的总统生涯里被爆出无数的丑闻，最后竟然连死因都没有大白于天下。也许用这样的方式结束任期对他来说也是一种解脱吧。

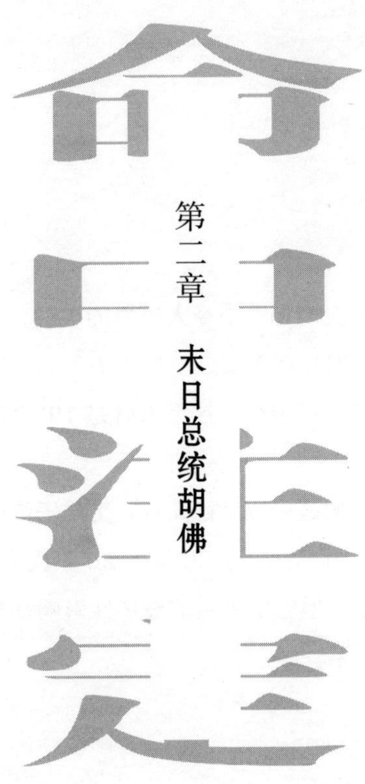

第二章 末日总统胡佛

末日，在人类社会中是一个令人恐惧的字眼，当然在现实中这一天从来没有出现过。但是在美国近现代历史上，曾有一位总统几乎将美国乃至世界带到了末日边缘，这个人就是 1929 年 3 月登上美国总统宝座的胡佛。

和哈定不同，胡佛是一位私德无亏、工作干练而有能力的总统。虽然没有任何证据表明，发生在 20 世纪 20 年代末 30 年代初的大萧条与他有直接的联系，但它所产生的破坏性影响却与他执政时所采取的政策有着必然的联系。

一、难以改变的基因

胡佛出生在一个连续五代人都生活在封闭的公谊会（美国基督教新教宗派之一）中的家庭，虽然这一家族不断地迁徙，但宗教信仰却始终如一。他的母亲是公谊会中做礼拜的领拜人。胡佛童年和少年时代一直生活在具有浓厚公谊会价值观的环境中，这些价值观包括：勤俭节约、努力奋斗、谦虚谨慎、严肃认真、个人责任，以及由大人严格管教的道德意识。虽然公谊会在意识形态上持温和而自由的立场，但在生活中信徒们是极端压抑的。

胡佛的父亲杰西·克拉克·胡佛是一位铁匠；而他的母亲，赫尔达·明索恩·胡佛，则是一位神学院毕业生。胡佛说，他母亲是“一位面容甜美的妇女”，“是公谊会集会时众望所归的发言人”，是一位富有魅力、办事干练的女性。

其实，胡佛的童年是多灾多难的，当他还是婴儿时，就感染了严重的格鲁布性喉头炎；两岁那年冬天，在长时间哽噎和痉挛后，他失去了生命体征，是他的姨妈在搬动他的“遗体”时，才发现他又有了生命迹象。所以他的母亲坚信，这是上帝被她的祈祷所感动，将儿子还给了她。[①] 除了喉头炎，童年的胡佛还患过麻疹、腮腺炎、白喉和水痘，这些在当时都是十分严重的疾病。

胡佛 6 岁那年，他的父亲便因为伤寒去世，年仅 34 岁。父亲的去世使他的家庭突然陷入了困境，所以他的母亲只能做一些缝纫活补贴家用。更不幸的是，胡佛 8 岁时，他的母亲又被肺炎夺去了生命，从此他和四个兄妹成为孤儿。四个兄妹分别由叔叔、舅舅、姑妈、姨妈收养，胡佛则被叔叔艾伦·胡佛（Allen Hoover）收养。1884 年，因为家境贫寒，胡佛又被叔叔送往了俄勒冈州（Oregon）的舅舅约翰·亨利·明索恩（Henry John minthorn）的家里，9 岁的胡佛只能接受他们的安排。在漫长的火车旅途中，胡佛写了两张箴言卡：

---

① WillIrwin Herbert Hoover, *A Reminiscent Biography,* New York: Century Press, 1928, p.7-8.

“上帝呀，我的救星不要离开，你也别抛弃我；我绝不离开你，也绝不抛弃你。”为了上学，胡佛每天必须要挣 50 美分，所以整个夏天，胡佛都在清除洋葱地里的杂草。在舅舅家里，胡佛根本没有什么快乐可言，他的舅舅沉默寡言，却十分严厉。

在胡佛 15 岁时，舅舅决定让他到当地的一家公谊会土地垦殖公司做杂工。16 岁时，胡佛的命运迎来了转折点。在和一位采矿工程师聊天时，这位工程师告诉他，应该自己规划未来的人生，并建议他到斯坦福大学学习工程技术。

出于信仰的缘故，胡佛的舅舅、叔叔、姑姑、姑妈都希望胡佛像他哥哥一样上一所公谊会学院，他的舅舅还为他争取到了印第安纳州厄勒姆学院（Earlham College）的奖学金。但胡佛坚持要上斯坦福大学，于是他与家人们发生了严重的冲突。直到后来他们知道斯坦福大学一年级的入学考试将由著名的公谊会数学家斯温（Swain）教授主持时，才同意了胡佛的选择。

胡佛在斯坦福大学的入学考试并不顺利，除数学之外都不及格。或许是因为斯温教授喜欢胡佛，也或许是因为胡佛是公谊会教徒，斯温教授与年轻的胡佛进行了一次长谈，鼓励他在秋季开学前到斯坦福大学接受专门辅导。于是胡佛拿着自己积攒的 160 美元和从父亲的遗产中继承的 500 美元，以及他母亲家人资助的 50 美元，开始了他斯坦福大学的求学之旅。

在胡佛的原生家庭中，根本没有政治的影子。他的叔叔拉班只是一个印第安人的代理人，仅仅在 1880 年参加过加菲尔德[①]运动（Garfield campaign）。这就是胡佛童年和少年时代接触过的全部政治。长期颠沛流离的生活造就了胡佛自卑和压抑的性格，这使他从小就极不喜欢在公众前抛头露

① 詹姆斯·加菲尔德 (James A. Garfield) 是美国第 20 任总统，也是美国首位具有神职人员身份的总统。他于 1880 年 12 月 2 日当选，上任四个月即遭暗杀，是美国第二位被暗杀的总统。——编者注

面，即使在游戏中胡佛也没有发挥过领袖的作用。在胡佛身上，来自父亲的遗传基因远远大于母亲，因此胡佛一生更擅长处理具体事务。

胡佛后来在自己的回忆录中说，“我对公共事务的接触，主要是来自与一位已经退休但喜欢争论的老民主党人霍布森（Hobson）的接触，因为他经常与公谊会中的共和党人进行辩论。双方对各种政治问题争论不休，但这些争论的结果千篇一律，那就是每个人都对对方的顽固和短见深恶痛绝。”①所以胡佛终生都认为政治是一场以“深恶痛绝”收场的闹剧。在公共事务中，获胜的一方就是正确的。在胡佛的青少年经历中，他没有可以效仿的家庭榜样，也没有与哪位政治人物产生过共鸣，更没有在观众面前阐述观点的机会。

1891 年年初，胡佛考入斯坦福大学，在学校期间，胡佛是一位自我边缘化的人，学生联谊会中从来没有他的影子。胡佛的童年颠沛流离，使他一生都犹如一只毫无安全感的惊弓之鸟。成年之后，他一直都在努力为自己营造一个稳定的世界，一个他自己可以控制的世界。

1895 年胡佛从斯坦福大学毕业，1896 年到中国开滦煤矿任职，在光绪 27 年（1901 年）英商开平矿务有限公司（即今位于河北省唐山市的开滦煤矿）发出的临时股份证明书上，右下角总经理一栏的亲笔签名为——HC.Hoover。作为斯坦福大学的优等生，胡佛赚钱的能力是很强的，此间，他已握有若干矿业公司的股权。1908 年，他还创办了一个工程咨询公司，并在纽约、伦敦、旧金山及其他地方设立了办事处。1909 年胡佛曾在哥伦比亚大学和斯坦福大学讲学，这些讲稿后来汇编成一本书，名叫《矿业原理》，并于同年出版。

1914 年第一次世界大战爆发后，为了救助那些身无分文被困于欧洲的美国人，美国政府委派胡佛担任了美国救济委员会主席。在救济委员会的帮助下，

① Herbert Hoover, *The Memoirs of Herbert Hoover*, New York: Macmillan, 1963, p.17.

12 万名贫困美侨返回祖国。正是由于胡佛在战争与饥饿救济中的杰出成就，使得他在第一次世界大战后成了美国社会的风云人物，当时美国的一些学者称赞胡佛为“伟大的人道主义者”。胡佛被美国政府任命为美国粮食总署署长，甚至连当时美国的家庭主妇都知道，所谓“胡佛化的管理”，意味着实施最经济的家庭食品安排。

第一次世界大战结束后，欧洲到处缺钱缺粮，饥民充斥城乡，所以协约国首脑一致同意任命胡佛为救济与复兴署署长，直接负责战后食品短缺的问题。《巴黎和约》签订后，官方救济组织停止活动，胡佛又建立民间组织，对欧洲一些国家的儿童及难民继续施行救济。此间胡佛共募集救济款 2.5 亿美元。从 1919 年 10 月至 1921 年 3 月，胡佛被国内外 85 所大学授予荣誉学位，共获得国内外一些团体组织颁发的 468 枚奖章、奖品和勋章。1921 年 3 月 4 日，参议院批准了哈定总统对胡佛的商务部长任命。胡佛在这个位置上一干就是七年，历经两任总统，直到 1928 年他当选总统为止。

1927 年 8 月 2 日，柯立芝总统宣布他将不再竞选连任，于是共和党党内大佬便提名“伟大的人道主义者”胡佛作为共和党总统候选人，1928 年 6 月，在密苏里州堪萨斯城的共和党全国代表大会上，胡佛在第一轮投票中便以绝对优势获得参加总统竞选的提名。

在 1928 年大选中，胡佛提出的主张是个人主义和机会均等，把社会各阶层自愿合作作为自己追求的目标。

第一次世界大战之后，美国凭借从大战中牟取的暴利推动经济实现快速发展，这一阶段正是共和党当政，所以人们便把这一阶段的“繁荣”与共和党联系起来。因此作为共和党总统候选人的胡佛，在竞选中没有费什么力气就势如破竹，以很大优势击败民主党候选人史密斯。最后胡佛以 444 张对 87 张选举人票的绝对优势，战胜对手当选总统。1929 年 3 月 4 日，胡佛宣誓就任美国总统。自此，胡佛成为第一个出生于密西西比河西部地区的总统。

当时的《华尔街日报》在胡佛就职时说："毫无疑问，胡佛是一个很有活力的商业总统。"

1930 年，为了兑现竞选时的承诺，胡佛不顾美国乃至世界经济已进入萧条的前夜，一意孤行提高了农产品的进口关税，并签署了至今仍在发挥作用的《斯姆特－霍利关税法》，将 2000 种的进口商品关税提升到历史最高水平。正是这个法律，使许多国家对美国采取了报复性的关税措施，当年便使美国的进口额和出口额都骤降 50% 以上。

1930 年的美国与胡佛在 1928 年竞选总统时的美国已大不相同。由于胡佛坚决反对由国家援助失业人口，所以美国城市中的无家可归者只能用木板、旧铁皮、油布甚至牛皮纸搭起简陋的栖身之所。当时，美国有这样一首儿歌："梅隆拉响汽笛，胡佛敲起了钟。华尔街发出信号，美国往地狱里冲！"

但胡佛却在他的国情咨文中说："经济不景气的问题，是绝不能用立法的方式或行政的命令来解决的。经济创伤只能由经济实体的细胞——生产者和消费者来自我治疗。"然而这对于已危机深重的美国来说，起到的作用却是相反的。直到 1931 年 12 月 8 日，胡佛在他的第三个年度国情咨文中仍坚持："联邦政府应该尽可能少地介入经济领域"，"即使介入也是暂时的和迫不得已的"，"联邦政府的职能在于维持这种平衡，而不允许任何个人或集团享有特权。它只能扮演一个规范性的角色，而不能成为经济和社会生活的主导者。"那么胡佛真的是一个市场经济的原教旨主义者吗？当然不是。

其实胡佛对于经济危机，并非"自由放任"，而是采取了一系列违反市场经济规律的政策，对市场进行了另类的干预，这些措施包括提高工资和物价等，正是这些错误的政策才导致当时美国的经济危机越来越严重。对此胡佛自己是有认知的。1930 年他曾对秘书说："我们面临的形势，使这间办公室形同地狱。”从 1931 年秋开始，胡佛就沉默寡言，即使最亲密的同事跟他打招呼，他也经常一声不吭。他对白宫里的服务人员完全视而不见，他说他不喜欢在大厅里看见服务人员。所以当白宫响起总统将至的铃声时，男佣们会疾速跑进已经挤满女佣的小房间里。其实，此时的胡佛已经是一位重度抑郁症的患者。当一位秘书询问他为何不与人做简短交谈时，他恼羞成怒地说：“现在正值国难当头，我有其他事情要做。”所以当时的国务院官员只能提醒递交国书的外国大使说：“不要认为总统不热情有什么外交含义。”此时胡佛已严重失眠，每天晚上只睡三个小时，他的双手一直不停地颤抖。1932 年的胡佛，已经头发花白，看上去像比 1928 年老了 20 岁。当共和党领导人前来汇报时，胡佛说：“如果他们全都走开，让我一个人开展工作，我也许能够扭转局面。”在他竞选连任即将结束之际，当帕拉阿图（Pal · Alt）女童子军代表向他献花时，胡佛忍不住老泪纵横。这个 12 岁的小女孩转身问：“妈妈，当总统是不是很难啊？”

其实胡佛是在全国一片谴责声中决定参加 1932 年总统大选的，这不知是出于对权力的迷恋，还是潜意识中对自己自卑情结的补偿。胡佛最初的计划是只为竞选连任发表几次讲话，但不知是什么原因，从 8 月开始，他决定进行全国巡回演讲。更令人不可思议的是，胡佛竟然认为只有自己才是美国人民的救星。他说：“他将动用一切手段赢得选举的胜利，因为他觉得自己的胜利对于国家来说是不可或缺的。”胡佛在这次竞选中一共发表了 200 次演讲，但主要内容都是为自己进行辩护。

胡佛在自己家乡艾奥瓦州首府得梅因（Des Moines）的一次演讲中说：“世界稳定的关键握在我们手中，当今世界正面临着一次机遇，并且情况正变得越来越乐观。让那些抱怨目前形势糟糕透顶的人们为我们这场胜利感谢上帝去吧！”但这完全是一个弥天大谎。

虽然由胡佛竞选团队特意请来捧场的现场观众对胡佛的演讲报以热烈的掌声，但在街头，胡佛得到的却是铺天盖地的怨恨。1932 年，胡佛在底特律发表演说时，愤怒的人们高呼“绞死胡佛！”当他驱车前往体育馆再次发表演说时，“沿途所见是数以万计默不作声、怒目而视的男女老幼。当他在万圣夜来到麦迪逊广场花园时，数以万计的人向他高呼“我们要面包！”与 1928 年竞选中赢得了 40 个州的战绩相比，1932 年 11 月 8 日，胡佛只在 6 个州取得了胜利，因为当时 45% 的工人都处于失业状态。

二、胡佛的罪恶

政治权力实质上就是说服的权力。美国总统的责任就是说服人民，按照符合自己利益的方式，做他希望他们做的事情，但胡佛却做了与人民意愿相反的事情。胡佛虽然不是大萧条的始作俑者，但他骨子里的自私，使他成了助推大萧条的罪魁祸首。

从心理学的角度上讲，每一个人的原生家庭，都对他成年后的行为方式起着重要的作用。胡佛担任总统期间的行为，更多的是受他童年时期形成的潜意识心理的影响。胡佛的悲剧源于其内心被他精神上的自私所绑架。胡佛当然不是愿意看着人民受苦受难的食人恶魔，他甚至不是典型的政客。胡佛和哈定不一样，他从来没有像哈定那样将每一个潜意识中的那种自我毁灭的无意识放大，在他的潜意识中，更多的是强烈的自卑导致自私的条件反射。

胡佛卸任总统后，曾收到一位女学生的来信。这位女孩在信中问他：“您认为怎样做才能成为一个伟大的领袖？”胡佛回答道：“毫无疑问，伟大领袖的条件，包括正直、学识、管理经验、内政外交方面的专业知识，以及对于美国传统和生活方式的热爱。”但问题是，胡佛似乎具备了所有成为伟大领袖的条件，但最终却成了美国历史上最糟糕的总统之一。

在大萧条之前，许多美国人都认为胡佛会成为一位伟大的总统。他自己在 1928 年接受共和党的总统候选人提名时也说：“今天，我们美国人即将赢得消除贫困战争的最后胜利，这对任何一片土地来说都是史无前例的，我们的穷人救济院即将成为历史。虽然我们尚未实现消除贫困的目标，但如果能够按照过去八年的政策继续前进，我们很快就会在上帝的帮助下，迎来贫困在我们国家销声匿迹的那一天。”[①] 胡佛在宣誓就职的当天说：“我对我们国家的未来毫无畏惧可言，我们的前途充满希望，一片光明。”但仅仅过了一年，胡佛就将美国推向了灾难的深渊。

三、这个世界最难的事就是让自卑的人讲真话

所有的灾难从 1929 年万圣节前一周的 10 月 23 日这天开始。这一天，美国股市的市值损失超过了美国在第一次世界大战中的损失。到 11 月，在美国纽约证券交易所上市的股票市值平均下跌了 40%。可就在美国股票市场暴跌的第二天，胡佛还信誓旦旦地说:“全国的基本经济形势，即商品的生产和分配，仍然处于良好和繁荣状态。”真是这样吗？当然不是！他在当年 11 月召开的一个企业界人士的会议上曾私下说：“一场萧条即将来临，这将是一场严重的萧条。”但他为什么在公开场合却刻意隐瞒事实，对全国人民撒谎呢？因为他没有勇气直面残酷的现实。事实上，他一直在撒谎。同年 12 月 3 日，胡佛对美国民众说：“现在的失业和损失，在很大程度上已经被遏制住了。”他还在 1930 年 1 月宣布，“失业趋势已经得到了扭转”。同年 3 月 7 日他又说：“自去年 12 月开始，就业率已经在慢慢回升了”，“所有情况都表明，在未来的 60 天内，崩盘对失业问题的最坏影响将成为过去”。即便到了 1930 年 5 月，胡

① Gene Smith, *The Shatterd Dream*, New York: William Morrow, 1970, p.5.

佛还在声称，他的计划已经“在很大程度上取得了成功”，衰退已经“大大地缓解了”，“我们已经度过了最艰难的时期，只要我们继续团结奋斗，很快就将恢复过来，企业到秋季将恢复常态”，“萧条已经结束了”。这就是胡佛当年向美国民众发出的信号。

他给自己撒谎找的理由是：任何人也不能占据着总统宝座，却不对合众国的未来充满信心，对于一个自信的民族来说，总统官邸，应当比其他任何地方都洋溢着兴高采烈的勇气和力量。所以现在不是轻言退缩的时候，我们民族的精神永远不会容忍失败。[①] 而这些，其实不过是胡佛为掩饰自己的谎言而编造的。

就在胡佛宣布经济复苏即将到来的时候，美国人的生活却越来越艰辛。1929 年那个“黑色星期四”之后，美国失业率直线上升。截至 1931 年 1 月，全美最大的 19 个城市的失业率上升了 149%。1931 年 10 月，苏联一则招聘 6000 名熟练工人的广告，竟引来多达 10 万名美国人到苏联求职。在 1931 年 4 月至 1932 年 5 月的 13 个月中，芝加哥各学校的教师有 8 个月没有领到工资。1931 年年初，俄克拉何马市（Oklahoma City）、明尼阿波利斯（Minneapolis）、圣保罗（St.Paul）和纽约等城市相继发生了饥民暴动。到 1931 年夏天，马萨诸塞州的劳伦斯市（Lawrence），所有的磨坊和工厂都关门停业了。

1932 年，已有 40% 的美国人入不敷出，100 万人流离失所。一个又一个城市救济基金支出殆尽，2000 万人的存款因为银行倒闭而化为乌有。许多无家可归者在垃圾焚烧地过夜，大量家庭靠蒲公英汤或偶尔才有的施舍为生，营养不良的现象比比皆是，超过四分之一的美国人失去了工作、房子、存款和尊严。

---

① Eugene Lyons, *Our Unknow ExPresident: A Portrait of Herbert Hoover*, New York: Doubleday，1948, p.267.

更为可笑的是，1931 年，胡佛竟然给一个喜剧团发了一份电报，说国家需要一些笑料来荡涤“萧条”，问他们是否愿意进行创作。他还对著名歌手鲁迪·瓦利（Rudy Valley）说：“如果你能唱一首歌，让人们忘记他们的痛苦和萧条，我将给你颁发一枚奖章。”

四、胡佛该对大萧条中的灾难负责吗？

胡佛当然应该对大萧条时的错误政策负主要责任，例如他对救济金问题采取的政策。

1930 年夏天，一场严重旱灾席卷了美国西南部地区。当时的农业部长提出了下拨 2500 万美元救济金的建议，国会也主张通过一项授权拨款 6000 万美元的法案，但胡佛认为恢复繁荣不能通过侵吞公共财政或者把人们的不幸政治化来实现，并以此为借口否定了该建议和法案，致使 500 万农民破产。在 1930 年圣诞节时，联邦参议员威廉·博拉（Wiliam Borah）愤怒地说：“看在上帝的份上，赶紧想办法让挨饿的人糊糊口吧。”在此情况下，胡佛却提出了一个莫名其妙的计划，向农民提供购买种子、化肥和牲畜饲料的贷款，而不是直接发放救济金，更不是提供挽救生命急需的救济品。直到 1931 年，胡佛仍坚决拒绝向饥饿的农民提供食物。

胡佛一直认为，发放救济金是美国红十字会的事情。而 1930 年 11 月，美国红十字会可以动用的非专项资金只有区区 500 万美元。所以，截至 1930 年年底，美国红十字会只向五万个家庭发放了救济金，平均每个家庭只拿到了 10 美元。

胡佛曾是一位享誉全世界的救灾救济专家，本来可以在大萧条中扮演积极的角色，但他为什么会做出如此冷漠的决定呢？胡佛童年被贫穷塑造的自私与自卑的心理，使他缺乏对制度的起码信任。他担心，下拨救济金会为一些人侵吞公共财政大开方便之门。于是，他坚持认为“自助”和“本地责任”的原则一旦垮塌，将从根本上动摇“自治制度”。

1930年10月，在人口占全国10%，而失业人数占全国总失业人数16%的宾夕法尼亚州，候任州长吉福德·平肖（Gifford Pinchot）呼吁：如果想让这些人活下去，我们就必须给他们饭吃。就在国会议员和州长们为使联邦政府再下拨几百万美元的救济金而奔走疾呼之时，胡佛的复兴金融公司（Reconstruction Finance Corporation，RFC）却每天都在向一些莫名其妙的项目提供数百万美元的贷款。一位国会议员愤怒地说：“胡佛总统愿意帮助别的国家，但对于嗷嗷待哺的美国妇女和儿童，却一分钱都不愿意给。”

胡佛对那些呼吁发放代金券、进行公共建设和发放救济品的国会议员们冷漠地说：“只要我还坐在这张桌子旁，你们就休想得逞。”

五、绞死他

迫于生活的压力，1932年，一支两万人的“补偿金远征军”遵循“不乞讨、不喝酒、不偏激”的原则，从全国各地乘坐火车、靠人们的施舍抵达华盛顿，他们要求立即发放应于1945年给他们的退伍军人补偿金。

6月15日，国会众议院通过了一项发放补偿金的法案，但遭到了参议院的否决。于是这些老兵们聚集在国会大厦外面和平示威，希望国会和总统能帮助他们。到7月，老兵们已经在华盛顿停留了两个月，在此期间，胡佛接见过重量级拳击比赛冠军、妇女联谊会成员代表团和散文竞赛获奖者，但始终没有接见过“补偿金远征军”的任何人。在这届国会会期的最后一天，“补偿金远征军”领导人在国会大厦的台阶上发表演讲说：“我们将待在这里不走，直至我见到胡佛为止。”他们希望胡佛像他经常做的那样，让国会在闭会期间召开一次会议。

然而，胡佛却下令让道格拉斯·麦克阿瑟将军（General Douglas Mac Arthur）将示威者逐出了华盛顿，同时焚烧他们居住的简易房屋和帐篷。军队在施放催泪瓦斯时，还熏死了一名初夏时在营地里出生的婴儿。远征军为这名婴儿写下墓志铭："在此长眠的是伯纳德·迈尔斯（Bernard Myers），只有三个月大，被胡佛总统下令用瓦斯熏死。"当时，一个作家代表团前往白宫抗议军队对平民的镇压，却没有得到胡佛接见，当他们准备离开时，竟听到一群孩子在为胡佛献唱："祝您生日快乐！"

在胡佛代表共和党参加第二次总统大选投票的那天晚上，人们都不敢相信这个头发花白、面容憔悴的人就是他们以前认识的胡佛。此时电报已像雪片般从四面八方飞来，向他报告败选的消息。

对于他的失职，胡佛一直在为自己进行辩护，他说："最为重要的是，我们维护了我们的原则的神圣性，正是这些原则使合众国成长为一个伟大的共和国。"胡佛认为，自己进行的这场斗争，不是观点问题，不是面对不确定性时的探索与妥协，而是一场为了捍卫"高于一切"的原则而进行的战争。

极度自卑的性格让胡佛很多行为都有人格分裂的倾向，比如胡佛当年依靠报纸和广播胜选，但他实际上却非常厌恶公开演说，认为"当总统不是演马戏"。他在自己的《美国的个人主义》（*American Individualism*）一书中写道："人群容易受到蛊惑，他们破坏、憎恨、梦想，但从来不会建设。"

其实当总统在很大程度上就是"演马戏"，必须要能领导白宫打动民众的心灵，其重要性不亚于触动人的思想，他必须能把民众的信念、热情和勇气激发起来。

胡佛与新闻界的关系开局良好，在就任总统后的第一次记者招待会上，他表示希望与记者建立比其前任更加亲密的关系。但新闻界很快就对他产生了不满，因为胡佛很快就开始背离自己确定的规则，做事情越来越秘而不宣，经常对记者出现的错误进行训斥，禁止记者接近他的住所，还经常临时取消记者招待会，对记者提出的问题置之不理。

胡佛的公开讲话很少详细地谈论某一项政策，他大部分时间都在阐述模糊的道德原则和目标。在总统任内，胡佛一共发表过 21 次广播讲话，而且主要是面向特定群体，而不是全国。虽然他在大萧条期间的讲话显示，他的确在努力想尽一切办法鼓舞人心，让人心惶惶的国家平静下来，但他为了掩盖自己的失误，不惜歪曲一个又一个众所周知的事实。

在人际关系中，胡佛的人格分裂更加明显了。这个令白宫服务人员望而生畏的胡佛，在白宫经常是宾客盈门，以至于他的夫人都认为他是一个喜欢热闹而非独处的人，而实际上胡佛是一个特别厌恶社交且令人扫兴的人。

胡佛在工作上投入的时间的确比任何一位前总统都多，而且他拥有卡片索引般的记忆力，并具备一种常人所没有的、能迅速从一个话题转向另一个话题的能力。见过他的企业家都说：“胡佛比我还了解企业。”胡佛可能是一位伟大的工程师，因为他的思维是通过有形的、可见的图形来表达的。所以他在听别人发言时，会一边听一边画几何图形。当他说我们国家的基本面是好的时，他脑袋里想象的一定是工厂，因为胡佛只能看到一个有形的、可见的世界。

在胡佛想象中，美国社会“只能产生于自由赛跑的竞技场”，所以美国的领导者不能像蜜蜂选择蜂王那样被选出来，也不能借助神的授权，只能从自由绽放中产生。

一个正常人的生活，需要安全感作为基础。而安全感差的人，更倾向于逃避问题，胡佛就是这样一种人。他的原生家庭像一个极其狭小的笼子，即便他长大后走出了笼子，那个虚幻的笼子仍会一直限制着他。

六、“黑色星期四”

和历史上任何时候一样，在神话变成笑话之前，很少会有人相信警告，因为任何理性的警示，在疯狂的社会中都会被视为罪恶。在任何时候，赞美都是权力最欢迎的方式，可是赞美从来都是灾难的开始。福无双至，祸不单行，在佛罗里达飓风三年之后，一场情形更加惨烈、损失也更为巨大的人为雪崩，首先席卷了美国，随后又波及整个世界，这就是历时四年、间接引发第二次世界大战的经济大萧条。

所有人为灾难的背后，都隐藏着人性贪婪的本性，大萧条只不过是人性贪婪的集中显性表达。所有投机活动导致的泡沫，都同时具备两个特征：一是投资者与他们买卖对象的直接关联较弱，需要通过一系列复杂的中间环节才能联系起来；二是人们对资产增值怀抱无限期望，天真地认为只要能维持投机者数量的“供给”，资产的市场价格就可以被无限制抬高。

当时有一位“美国梦”的代表人物，名字叫约翰·拉斯科布（John J. Raskob）。他出身寒微，年仅22岁便当上火药帝国杜邦集团掌门人皮埃尔·杜邦的秘书。他因为说服杜邦买下陷入财务困境的通用汽车的控股权而声名鹊起。

1928年，拉斯科布已经身兼杜邦和通用汽车两家大公司的副总裁（主管财务），并被教皇授予圣格利高里骑士勋章，马耳他骑士团还邀请拉斯科布担任他们的司库。1928年大选中，民主党总统候选人艾尔史密斯推举他出任民主党全国委员会（DNC）主席。当时他是万千美国民众心目中“美国梦”最成功的典范。

1929年8月，他在接受《女士之家》杂志采访时说：“人人都应富起来。”（Everybody ought to be rich）不是代表可能性的“可以”（can be），而是带有强制色彩的“应当”（ought to be）。

按照拉斯科布的理论，一个普通人只需每月省下 15 美元，购买走势坚挺的股票，并且不把红利花掉，那么经过连续 20 年的钱生钱、利滚利，他将积累起至少 8000 美元的资产，以及每个月大约 400 美元的投资收入。

正是“人人都应富起来”的奇谈使整个美国陷入金融投机浪潮中而无法自拔。《牛津美国史》对此是这样记载的，“一种普遍高涨的情绪，把越来越多的迷糊人拉进了投资市场当中。股票经纪公司纷纷在各城镇和大学校园附近开设分支机构，寡妇、蓝领工人、擦鞋匠、侍应生，甚至那些并不十分渴望进入股市的人都在冒险把他们的积蓄投入到股市中，以获取唾手可得的财富。媒体已无暇报道社会犯罪或者国际事务，只死死盯住纽约证券交易所的行情，全美仅从事买进和卖出业务的股票经纪人的账号就有 60 万个。

表面上，这是第一次世界大战结束带来的普遍繁荣。因为仅 1928 年，美国本土企业的净利润就平均增长了 76%；股东收益从 1922 年到 1929 年共增加了 108%。然而随着入市人群和资金规模的持续扩大，企业主们便产生了一个大胆的想法，既然股票市场的繁荣看上去并无终结的迹象，那么与其把资金投入到获利周期较长的扩大再生产中，倒不如自己来当放贷者，通过股票经纪人把资金借贷给急于搭上“牛市”班车的中小股民，从股民的短期买空卖空中赚取“快钱”。这样，美国的经济增长实际上就变成了纯粹的数字游戏。整个 20 世纪 20 年代，美国年均国民生产总值（GNP）增长率在 5.5% 上下，而经济活动中的货币流通总量每年却增长了 7.7%。从 1921 年 6 月到 1929 年 6 月的八年间，美国实体经济的规模扩张了 50%，而银行储蓄和信贷总额却增加了 224%。到 1929 年夏天股灾爆发之前，美国与股票经纪人关联的贷款总额，已经占到广义货币发行量的 9.6%。

当时的银行已经不像银行，更像证券公司的推销商，除了汽车轮子，他们什么都敢向客户提供。在“人人都应富起来”这一口号的感召下，美国的股票投机活动在1928—1929年达到了巅峰。当时从纽约、旧金山到中部平原最贫瘠的村庄，几乎所有人在茶余饭后都对美国经济高谈阔论，哪怕那些在不久前还把股票报价机当作神秘外星事物的人，如今手里也持有了几百股休斯敦石油公司的股票，并且对那些神秘的数字符号津津乐道。

其实，当时的美国并不存在数量足够多的、能够维持稳定增长的经济部门。除汽车、通信和航空业之外，其余产业都已处在风雨飘摇之中。例如，第一次世界大战期间一度充当了全欧洲粮仓的美国农业，随着欧洲粮食、棉花产量的恢复和关税壁垒的建立，产能严重过剩的美国农产品已迅速陷入无人问津的状态。

按照1918年以来的历史经验，每隔两年美国经济就会出现一次“习惯性”的小规模收缩。当时若以1927年年初美联储降低贴现率作为一个新周期的开端，那么，胡佛担任总统的1929年将是决定性的一年：要么股市打破铁律、继续维持上涨，要么由盛转衰的关键节点出现。所以1929年美国股市的大崩盘，是一桩事先张扬的“自杀案”，只是多数人无动于衷罢了。其实所有的经济危机都是从金融危机开始的。1929年3月25日，注意到坏账率节节攀升的美联储，被迫向其下属的12家联邦储备银行发出警告：不得再向任何形式的投机活动放贷。从那天开始，美国股市一鼓作气再攀高峰的趋势就消失了。

金融统计学者和商业咨询顾问罗杰·巴布森（Roger Babson）在1929年9月5日预测：“崩盘迟早会发生，而且影响将极为可怕，道琼斯指数很可能会下降60点到80点，接着是工厂大面积倒闭、工人失业，最终形成一场巨大的商业萧条。”

果然在10月19日总成交量继续上升的同时，美国大公司的股价普遍出现了下跌趋势。两天后纽约股市的成交量，创造了历史第三高纪录，但总体指数依然在下滑。仅10月23日一天，主要工业股票就把6月底以来取得的全部涨幅亏光。到了 10 月 24 日星期四，股市开市后仅两个小时大盘就下跌了 11%，11 点时恐慌性抛售开始出现，并在半个小时之内席卷全场，11 位被强制平仓出局的投机者，当场跳楼自杀。此时的美国股市和几个月前的情况完全相反，再低的价格也没有下家愿意接盘了。这一天后来被历史学家称为“黑色星期四”，美国经济的大崩溃自此开始。

当雪崩发生时，任何非自然的力量都是无法阻止的。经过短暂的休市，10 月 28 日，美国股市暴跌再度开始，道琼斯指数破纪录地下滑了 38.33 点，相当于跌去 12.82%。10 月 29 日这个“黑色星期二”最终成为纽交所创建以来最黑暗的一天，道琼斯指数跌幅达到 11.73%，前半个小时的卖出量就高达 300 万股，所有人都在不计代价地抛出。“黑色星期二”的成交量，最终停留在了 1641 万股这个数字上。由于下跌的速度过于惊人，自动报价机直到收市之后两个半小时才打印出全部股票的最终价格。《纽约时报》关注的 50 种主要工业股的平均价格下跌了 43%。“白骑士”们在五天前试图拯救的蓝筹股，无不以暴跌收场，通用汽车公司流通股的市面价值在两天之内缩水了 20 亿美元，整个市场的总损失则高达 300 亿美元。与股市捆绑在一起的信托交易所及小型交易所更是一片惨淡。高盛公司主推的信托产品“蓝山”的收益在一周之内跌去 87.5%，公司市值损失了 92%。事实上，从米切尔到威金，银行家们正背着他们的客户，将自己持有的股票抛出。“在恐慌的冲击下，那些素来不引人注意或者被证券市场的乐观情绪所掩盖的‘病毒’，开始围攻国民经济的整个躯体，其状况犹如人体的某一关键器官失灵之后，病毒便可以不受控制地蔓延到全身一样。”“不管有多少大亨宣称诸事顺遂，一场人类的大灾难从此开始了。”对于这场灾难的影响，普林斯顿大学历史系教授阿瑟林克（Arthur S. Link）在梳理了从股市崩盘到全面萧条之间的演化逻辑后说：“证券市场的崩溃虽然没有立即摧毁企业界的信心，却足以对其产生严重动摇，继而导致金融体系的削弱和工业发展速度的放缓，并使得美国骤然紧缩在海外市场的投资和进口。国际市场上美元流通量减少，在 1931 年引发了欧洲的严重金融危机，继而更进一步造成了美国银行业的凋敝和工商业的萧条。”仅 1931 年美国就有 3600 家银行倒闭，损失存款高达 22.5 亿美元，当美国“熊市”在 1933 年 7 月终于触底时，纽约证券交易所的股票市值已经萎缩到 1929 年 9 月的水平，约 16,740 亿美元在这个过程中蒸发，美国仅股票市值的损失就相当于美国一战军费的三倍。

在这场灾难中，那些曾经活跃于“柯立芝繁荣”前台的企业高管和金融巨头们，几乎没有一人能在萧条中独善其身，致富传道士拉斯科布的帝国大厦在建成后的前三年几乎招不到租户。他的老对手——通用汽车和雪佛兰公司创始人杜兰特在 1936 年宣告破产，晚年以开设兼卖快餐的保龄球馆为生；被参议员格拉斯指控为“股市崩盘五十元凶”之一的米切尔因为逃税被捕；“白骑士”惠特尼则在 1938 年被举报长期贪污和挪用公款，因此获刑三年。而这一切多拜胡佛所赐。

从一战后美国社会的风云人物、“伟大的人道主义者”，到被媒体盛赞的“很有活力的商业总统”，再到沉默寡言的重度抑郁症患者、遭民众怨恨和唾弃的历史罪人，其间不难看出原生家庭对胡佛人生轨迹和性格行为的投射效应。童年颠沛流离、缺少安全感的生活在胡佛心中埋下了自卑又自私的种子，或许，“最糟糕总统之一”的结局早已是命中注定。

第三章　拯救世界的罗斯福总统

在美国历史中，除了上帝，只有为数不多的人，注定不会被历史遗忘。从大萧条开始到二战行将结束，其间担任美国总统的罗斯福就是其中之一。

罗斯福出身于政治世家，他的原生家庭对他的命运产生了深远影响。

一、罗斯福的原生家庭

美国总统富兰克林·罗斯福是一个将大量精力和才华投入到最大范围行动中去的人。从他的早期信件和母亲保留下来的成长记录中，基本上找不到罗斯福作为一个成长中的小男孩的伤感，所以我们只能通过对他成长过程进行假想和推理，才能找到他自信与勇敢的源头。

富兰克林·罗斯福的母亲萨拉·德拉诺出生于纽约的贵族之家。萨拉是家里的九个孩子之一，当时纽约贵族的社交圈称赞她和她的三个姐妹为“漂亮的德诺拉小姐”。由于萨拉的父亲觉得她太漂亮了，以至于同龄人中没有一个配得上她，所以在萨拉情窦初开的时候，父亲逼迫萨拉向每一个追求他的男孩子送去一张宣布结束交往的纸条。但令人不解的是，此后不久萨拉便不顾父亲的反对，毅然嫁给了父亲的一个生意伙伴——詹姆斯·罗斯福。詹姆斯·罗斯福是一个 52 岁的鳏夫，年龄是萨拉的两倍，他前妻的儿子与萨拉同龄。

虽然萨拉的父亲极力反对这桩婚事，但他逝世后，还是为萨拉留下了 100 万美元的遗产，100 万美元在当时的美国是巨额财富，正是这 100 万美元，使富兰克林·罗斯福有机会降生在这个富贵之家。罗斯福出生时有 10 磅重，为了顺利生产，萨拉差点因过量使用麻醉剂而死在产床上。

在罗斯福童年时期，母亲萨拉给予他充分的自由。他可以与小伙伴们在房前屋后自由自在地玩耍。萨拉还为他营造了一个充满关爱但不压抑的生活氛围。小时候罗斯福管母亲叫“萨莉”（Sallie），管父亲叫“老爸”（Pops）。他 4 岁时就有了自己的小马，16 岁时便有了一艘 21 英尺长的帆船。母亲萨拉后来回忆说，我们从来不会为了严厉而严厉。

有趣的是，他的父亲詹姆斯·罗斯福给世人留下的是拘谨呆板的形象：

留着络腮胡，带着高礼帽，拄着拐杖；非常富有，不仅有自己的火车车厢，而且手里总是拿着500美元金币；拒绝范德比尔特家族（Vanderbilts）的宴请，因为他不想为还礼也邀请他们到自己家里来，他认为范德比尔特只是一个暴发户。

詹姆斯虽然看上去非常呆板，但他一直是罗斯福的伙伴、教练和老师。从罗斯福六岁开始，詹姆斯便带他去冰上划艇，一起滑雪橇，夏天一起骑马、打猎、游泳、驾船。也就是从那时起，罗斯福对航海产生了浓厚的兴趣，所以他告诉父亲，他希望长大当一名海军军官。

整个童年时期，罗斯福都是和父母一起不停地外出旅行。因为詹姆斯是望族，所以罗斯福很小的时候便去过白宫。罗斯福后来回忆说，他曾在白宫里见到过一位筋疲力尽的总统克利夫兰和一位精力充沛的总统西奥多·罗斯福。

在历任美国总统中，至今没有人比罗斯福享有过更加美好、祥和、安全的童年了。他的父母只为他的成长设定了一个框架，但从来没有要求他这一生要做出些什么成就来。

父母教会了罗斯福为人处世的本领。他们告诉罗斯福："在人际关系中，一个人可以关心他人，但不必杞人忧天。"他们还为他提供了许多的条件，让他去做自己感兴趣的事情。当罗斯福离家前往格罗顿（Groton）上中学时，他已经表现得十分自信，并且非常具有人格魅力了。

罗斯福在家里的学习是由家庭教师负责的。在罗斯福家里，年长的成员们都精心地呵护着孩子们，让一切悲伤、苦难的痕迹和令人担惊受怕的信息远离他们。桑多兹小姐是一位对罗斯福成长产生重大影响的家庭教师，每天给他上六个小时的课。罗斯福一生看了很多书，但他最喜欢的作家是马克·吐温（Mark Twain）。他说："如果人们喜爱我的遣词造句和演讲风格，那么在很大程度上，应归功于我经常研读马克·吐温的作品。他的作品，比其他任何作家的作品对我的影响都大。”

罗斯福是一名虔诚的基督徒。14 岁那年罗斯福进入了格罗顿中学（Groton School）学习。格罗顿中学十分重视“基督教精神、个性和力量”。男生们每天早晨七点起床，冲个凉水澡，然后开始一整天的严格学习和锻炼。他们要着正装吃晚饭，饭后再学习一段时间，与校长及其夫人逐一握手后，才能结束一天的学习生活。罗斯福是一个插班生，他来格罗顿时，班里其他同学已经一起学习了两年。尽管总是与其他同学保持着某种距离，但他与同学们相处得不错。

罗斯福在公开场合的发言无懈可击，再加上他的人格魅力，在格罗顿的第一学年，他就在同学中表现瞩目。罗斯福在这里享受到了一种新的独立。

在格罗顿上学期间，有两个人物对罗斯福影响巨大。一位是格罗顿公学的校长恩迪科特·皮博迪（Endicott Peabod）。罗斯福一直说：“只要我还活着，皮博迪博士及其夫人，对我的重要性都超过并将继续超过除我父母之外的任何人。”皮博迪身材高大、相貌英俊，看上去令人望而生畏，但却是一个心地善良的美国基督徒。他像对待家人那样关爱他的学生们，对他们谆谆教诲、热情鼓励、严格要求。正如这位校长本人所说，他致力于培养“具有男子汉气概的基督徒精神”。他大力提倡服务精神，认为这是牧师、商人、农民等阶层的职责和义务。在每天的礼拜仪式上，皮博迪都在反复敲响服务的钟声。皮博迪对罗斯福的教导是：把你的信仰用于工作中。

那段时间，校长有时会邀请罗斯福的堂叔西奥多·罗斯福在礼拜仪式上发表演讲。1900 年罗斯福在格罗顿中学毕业时，西奥多·罗斯福已经是全美国最著名的人物之一。对于罗斯福来说，西奥多·罗斯福以血缘关系和令人欣喜的方式，强化了皮博迪生硬地灌输给他的那些谆谆教诲。

罗斯福毕业时，西奥多·罗斯福在格罗顿进行了一次激动人心的演讲："如果一个人有勇气、善良和智慧，那么，他在事业上可以取得的成就是无可限量的，他正是当今政界所需要的那种人。"罗斯福从父亲、皮博迪和西奥多那里获得的信息完全一致："快乐地为上帝服务。"而在现实世界中，这一目标要通过担任某些公职才能实现。

罗斯福在格罗顿中学学会了与同龄人相处，在哈佛大学则学会了领导他们。在哈佛大学，罗斯福的学习成绩处于中等水平，但他却在校园政治中脱颖而出。他积极竞选所有能想到的学生社团职务，还曾在新生联欢俱乐部里尝试过划船和唱歌，虽然他在体育和声乐方面的表现并不突出，但仍当选为校橄榄球二队队长、纽厄尔划船俱乐部第三船队队长和新生联欢俱乐部秘书。他还从 68 位原始候选人中脱颖而出，成了校报《哈佛红》（*Harvard Crimson*）的五位编辑之一。

哈佛大学毕业那年，罗斯福被提名为年级长（Class Marshal）的六位候选人之一，还当选为年级委员会（Class Committee）的常任主席，在 253 张选票中获得了 168 票。

负责《哈佛红》期间，罗斯福一直向哈佛学生大力宣传要对学校、班级和自己负责！而实现这一信念的唯一途径是永远积极主动。正如他在《哈佛红》上发表文章描述橄榄球队胜利时所说，归根结底，一个球队所需要的就是雷厉风行和朝气蓬勃的意志。

大一那年，罗斯福的父亲死于心脏病。对于罗斯福的母亲而言，这一噩耗犹如晴天霹雳，"我不知道自己该如何活下去。"在升入大二之前，罗斯福陪母亲去了一趟欧洲，当他们在巴黎时，竟获悉了麦金莱总统遭到枪击死亡的消息。之后，他的堂叔西奥多·罗斯福升任为总统。

这些对罗斯福的后来产生了巨大的影响，成为总统后，他开始进行深刻的反思并意识到这一点。罗斯福发现，那些生活在纽约的荷兰裔名门望族，之所以徒有虚名，原因是缺乏进取心，而罗斯福家族之所以仍充满活力，主要原因是，他们从来不认为自己出身高贵就可以游手好闲，而是应该积极履行社会赋予的责任。随着西奥多·罗斯福成为一个冉冉升起的政治明星，罗斯福便产生了将这一理想贯彻到自己未来事业中的决心。从此他决定将自己的旺盛精力释放到社会中去，并从此以西奥多·罗斯福为榜样，努力成为一名总统。

在读大三那年，罗斯福做了一个影响他一生的决定：他突然告诉母亲，自己打算尽快与堂妹埃莉诺·罗斯福结婚。这个决定立即遭到萨拉的反对。萨拉在日记中写道，她的父亲直到33岁，“出了名、有了地位、可以向一个女人提供些什么”的时候才结婚。而此时年仅21岁的罗斯福仍然是一个孩子，尚没有能力承担这个责任。但罗斯福没有听从母亲的劝告，他给母亲写了一封信，既对母亲的想法表示理解，又表明了自己的坚定态度。他在信中写道：

> 最亲爱的妈妈：
>
> 我知道我将给您带来何等的痛苦。您也该明白，我如果真能自制的话，是不会这样做的……我了解我的心，并且早已了如指掌，知道自己永远不会改变主意。我如今是世界上最幸福的人，同时也是最幸运的人。而您，我亲爱的妈妈，您知道，从来没有什么可以改变我们一直以来和将来永远在对方心目中的位置。只不过，您现在有两个孩子要爱，也有两个孩子来爱您——如您所知，无论从哪方面看，埃莉诺都将永远是您的女儿。[①]

罗斯福的母亲还是坚决不同意罗斯福的选择，于是她提议罗斯福推迟婚

① Frank Freide L. and Franklin D. Roosevelt, *The Apprenticeship*, Boston: Little Brown, 1952, p.66.

期，并安排罗斯福和他的室友到加勒比海航行，她还让她的朋友、美国驻英国大使约瑟夫·乔特（Joseph Choate）安排罗斯福担任他的秘书。但是这一切都无济于事，在罗斯福的坚持下，他还是和自己的堂妹于1905年在圣帕特里克节（St. Patrick's Day）那天结婚了。为了让西奥多·罗斯福也可以参加，罗斯福特意根据西奥多·罗斯福的日程安排婚礼的时间了。

罗斯福的母亲在知道一切都无法改变的时候，只能有风度地承认了自己的失败。她在日记中表示，虽然接受了埃莉诺这个儿媳，但将把她当作自己的孩子，严格看管并“帮助”她。

其实，埃莉诺虽是西奥多·罗斯福总统的侄女，但她生活得并不幸福。埃莉诺的母亲是一位漂亮的社交名媛，经常嘲笑埃莉诺长相丑陋，将这个小姑娘称作“老太婆”。埃莉诺的母亲经常像对待犯人一样训斥她，为了治疗自己的头痛，她的母亲经常让这个小女孩为她按摩前额，一按就是几个小时。埃莉诺八岁时，母亲便去世了，她的父亲是一个长期酗酒的酒鬼，所以埃莉诺的童年实际生活上在令人恐惧的黑暗之中。在她九岁时，父亲也去世了，于是埃莉诺被交给外婆抚养。她的外婆对她也不是很好，在她已经出落成身材高挑的小姑娘时，仍然让她穿小女孩的裙子、梳辫子。埃莉诺悲惨的童年让她极度自卑，这也是为什么她一生都以极端的强势来掩饰自己自卑的原因。

罗斯福的母亲萨拉，既是一个慈爱的女人，也是一个强势的女人。罗斯福与埃莉诺结婚后，萨拉全权负责家里的一切，她通过管钱使他们与自己联系在一起。她在纽约建了两幢紧挨着的房子，一幢给罗斯福和埃莉诺住，另一幢她自己住，但这两幢房子只有一个出口，而且门与门之间是相通的。罗斯福小两口生了孩子后，萨拉绕开埃莉诺，直接负责养育孩子们。埃莉诺也在罗斯福母亲的压力下，辞去了社区服务所的工作，因为萨拉说她会把病菌带回家里，传染给孩子。所以埃莉诺一直很沮丧，她后来回忆说：“我正在变成一个全面依赖他人的女人，婆婆替我做了所有的事。我正在失去自我——我不过是在吸收周围人的个性，让他们的口味和兴趣来支配我。”

或许是因为罗斯福的联姻中有很多其他原因，又或许是罗斯福从未深爱过埃莉诺，所以当埃莉诺把自己的感受告诉罗斯福时，罗斯福的反应让她更加痛苦。当罗斯福发现埃莉诺在梳妆台前暗自垂泪时不解地问，“到底发生了什么事？”埃莉诺说：“我不喜欢住在一幢完全不属于我，我根本就插不上手，也不能体现我喜欢的生活方式的房子里。”但罗斯福的回答是：“你真是疯了。”

没有一个人生而伟大，任何人都会经历很多的挫折，罗斯福也一样。从哈佛大学毕业后，他在五年间一直无所事事，这是罗斯福的休眠期。1904 年秋天，罗斯福加盟了一家保守主义的法律事务所，在那里，他处理的法律事务多是在免费为妇女辩护，或根据专业意见哺育婴儿，等等。

二、梦想是用来实现的

直到 1910 年，罗斯福才在西奥多的敦促下进入了政界。或许是因为西奥多的缘故，当地的一位政客邀请罗斯福竞选州议会议员。

或许罗斯福早就在等着这一天的到来，于是对这位政客说：“我要参加竞选！我已经告诉所有人了，我要参加竞选！”于是，从那一天起，罗斯福便乘坐一辆红色马克斯韦尔（Maxwell）走街串户，与选民们一一握手。他在此次竞选中，赢得了 3.2 万张选票中的 1140 票。

罗斯福当选为州议员后，埃莉诺和罗斯福还有他的母亲便搬到了奥尔巴尼（Albany）。之后不久他又开始竞选联邦参议员。当时罗斯福对《纽约时报》记者说：“什么也不如一场好的战斗那样令我欣喜若狂。”记者路易斯·麦克亨利·豪（Louis McHenry Howe）后来回忆说，他当时觉得罗斯福是“那种娇生惯养、穿着时髦的家伙”，但他却“非常积极和机警，表情严肃，很少见他笑。他有一个不好的习惯，那就是总高昂着头，这一习惯，加上他的夹鼻眼镜和高大身材，总是给人一种用鼻子俯视大多数人的感觉。”①

罗斯福后来的成就多少还与西奥多·罗斯福有关。他当选州议员之后，西奥多·罗斯福特地给他写信说：“我们都为你的表现感到非常自豪。祝你好运！”后来罗斯福回忆起这段历史时说：在这一时刻之前，我的所有行动都是以理论为基础的，但现在我必须付诸行动了。

正是这一段州议员的经历，使罗斯福对政治有了更深刻的理解。他驾驭人的最直接经验首先来自同纽约州首府奥尔巴尼的政治人物打交道。例如，在与支持者打交道的过程中，学会了聆听他们的意见，并向他们学习，他还学会了如何避免对一些问题表明立场，并卷入灾难性的争吵中，如何与政党领袖们打交道，如何不树立一堆不必要的敌人，如何吸引公众的注意力，如何回复信件，等等。这段经历更使他明白，所有的政治斗争，并不是一场双方的辩论，而是一场涉及各方面利益的竞赛。②

成为联邦参议员之后，他是否会成为另一个西奥多·罗斯福，成为竞争对手关注的焦点。很多人认为，罗斯福不会成为另一个西奥多，因为望族子弟多缺乏韧性。然而不久之后，罗斯福提出的一个法案却改变了几乎所有竞争对手的看法。当选联邦参议员后不久，罗斯福便离开国会担任助理海军部长，年仅 31 岁。正是在担任助理海军部长的七年间，罗斯福完成了他未来竞选总统的准备。

得益于同西奥多·罗斯福的关系和他本人良好的社会声誉，罗斯福很快就融入了华盛顿的上流社会。亨利·亚当斯（Henry Adams）、路易斯·布兰

---

① Gerald D. Nashed, eds., *Franklin Delano Roosevelt, Englewood Cliffs*, N.J.: Prentice-Hall, 1967, p. 80.

② James MacGregor Bums, *Roosevelt: The lion and the Fox,* New York: Harcourt, Brace and World Inc., 1956, p. 43.

代斯（Louis Brandeis）、奥利弗·温德尔·霍姆斯（Oliver Wendell Holmes）和亨利·卡伯特·洛奇都在他的社交圈中。他还联络了20个政府部门负责人和国会领袖，组成共同议事俱乐部（the Common Counsel Club）。每一个成功的男人背后都有一个伟大的女人，即便只是政治婚姻，在罗斯福出任助理海军部长期间，埃莉诺每个星期都抽出四天时间去拜访10位至30位高级官员的夫人：星期一是最高法院法官的夫人们，星期二是众议院议员的夫人们，星期四是参议院议员的夫人们，星期五是外交官的夫人们。她一遍又一遍地对这些夫人说："我是富兰克林·D.罗斯福的夫人，我丈夫刚刚出任助理海军部长。"

为了避免过早成为别人攻击的目标，罗斯福一直公开宣称，他只想建立一支更加强大的海军，除此之外没有别的目标。后来詹姆斯·麦格雷戈·伯恩斯(James MacGregor Burns)回忆道：罗斯福正是通过与各种各样的人打交道，才进一步了解和学习了如何处理困难而棘手的政府工作。罗斯福接受了路易斯·麦克亨利·豪的建议，出席了一系列关于劳工政策的听证会。通过听证会，他学到了非常多的东西，不仅充分拉近了与劳工问题争论者的关系，而且化解了许多人对他的怨恨。罗斯福的高明之处在于，对于好的建议，他从来不太在意是谁提出来的，总会予以采纳。他说："在我看来，如果雇员认为他们同属一个集体，那么，提高工作效率最好的办法就是让他们有这种归属感。"他邀请所有人到华盛顿去看他，"我希望所有人都可以随时到办公室来找我，因为我需要你们把你们做的事情交给我，并告诉我外面正在发生什么。"倾听、决策、游走于官僚之中，让他人为他做一些自己永远不可能做的事情，同时把自己置于决策的中心，把一切做得好的工作全部记在自己名下，这是每一个聪明的政治家共同的特点。而他对于那些与他一起做事情的人来说，是自然而真诚的。

罗斯福是一个行动主义者，他从不说自己知道正确答案，而是用行动去寻找它。他通常会先采取行动进行试探，然后观察接下来会发生什么。这就是将强有力的行动与试探性的承诺结合起来的原则。

在担任助理海军部长时，凡是他为海军人员拟定的操练项目，自己必定一大早就穿着汗衫、挽着袖子，在耶鲁大学教练沃尔特·坎普（Walter Camp）的指导下，喊着“嗨，二，三”（hup-two-three）的口号进行操练。当时，有一艘潜艇未能按时在珍珠港附近浮出水面，远在洛杉矶的富兰克林罗斯福立即搭乘一艘潜艇，驶向波涛汹涌的大海。

罗斯福很善于吸收来自四面八方的创意，认真听取即便是最愚不可及的想法，从听来的东西中挑选出他所需要的。他是一个反复尝试并总结经验的人，当他的某个主张遭到拒绝时，他通常会把它讲给一个又一个人听，直到发现有人欣赏为止。正是通过这种方式，他通常能够使他人对他做出妥协。[①]

在担任助理海军部长的七年中，罗斯福享受到了权力带来的快感，他说：“我热爱这一时期的每一分钟。”

1920年，罗斯福意外地获得了副总统提名。此时他的性格、世界观和风格已经自成一体，他向自己和关注他的人展示的都是一幅清晰的“罗斯福总统”模样。

罗斯福另一个才能主要体现在与人打交道上。他不是一个出色的演讲家，但他却掌握了如何把他的谈话传递给民众的有效方式。他担任助理海军部长时，最擅长与记者们打交道，让记者们身临其境地感受到他的魅力。在竞选过程中，罗斯福给人印象最深刻的是对“我的朋友们”（即选民）说的那些轻松友好的话，即使他的话里根本没有什么实质内容。罗斯福非常聪明地利

① Frank Freidel, *Franklin D. Roosevelt: The Apprenticeship*, Boston: Little Brown, 1952, p. 310.

用了人们对他的这种关注，正如他充分利用了家族传承给他的社会关系一样。

虽然在青年时期罗斯福读了很多书，但成为政治家之后，罗斯福读的书很少。他获取知识的方式是：把别人告诉他的东西牢记于心，不断地向别人提问题并倾听别人告诉他关于事情的主旨，因为他脑子里想的永远都是下一步的行动。罗斯福能够从一堆废话中听出核心要点，如果没有听出来，他会直接询问对方。以面对面谈话作为学习方式是他与众不同的特点，因为这样他可以判断出对方强调的是什么，可以听出对方说话的语气和重音，可以看出对方对他的策略作何反应，而这些是那些依赖电话进行交流的政治家所不具备的优势。

罗斯福之所以可以在纽约政治的泥潭中独善其身，并超脱于漩涡之外，是因为他深谙人际关系之道。他善于向对方传递自己的兴趣、好奇心、及时反应和欣喜之情，他懂得如何向对方表达赞同，却不需要承担义务的技巧。他有一句“是的，那当然”的口头禅，其实表达的意思仅仅是听到了对方说的话。

罗斯福极少因为焦虑而坐卧不安，这一优点得益于他顺利的成长经历。对他来说，很多事情都是可能的。在罗斯福家里，时间是灵活的，空间也是如此。他拥有广阔的土地和多套房子，还经常进行长途旅行。在受教育的过程中，罗斯福更感兴趣的似乎是事物本身，而不是他们来自何方，这使他的头脑非常清晰，可以畅想未来，而不会拘泥于过去。在政治上他更多的不是在相互冲突的利益中间寻求妥协，而是超越他们，包容他们，让各方至少都得到点什么，并给予他们更多的希望。在不同选项之间进行抉择的时候，他不是选择一个而消灭其他，而是看重某些而忽略其他。

罗斯福一生的言行举止都像是一位绅士。他在政治上从不追求那种“该死的义务”。他只做自己力所能及的事情，并从中享受到无与伦比的乐趣。

父亲詹姆斯和母亲萨拉在罗斯福身上植入了一种坚定的自信，这种自信强大到了当他被小儿麻痹症击倒时，都能够挽救他那明显已经走到了终点的事业。在成长过程中，罗斯福抛弃了很多他不需要的东西，同时丰富了他的能力“百宝箱”，强化了直面生活的信心。

罗斯福的活力、希望和幽默建立在他对古老信仰的基础上。“我不指望每次击球都能命中目标，我追求的是最高平均击球效果。”他说，“你必须明白，担任公职需要付出许多汗水，但没有必要让你心烦意乱。你不可能永远正确，但决不能因为犯错而痛苦不堪。”在缺乏科学的评估手段，甚至缺乏社会数据的情况下，罗斯福广泛开通各种沟通渠道，敦促幕僚们关注地方发生了什么。他说，“不要在意华盛顿的人在说什么，只要有可能，就要竖起耳朵倾听每一位农民或工人的意见，让他们告诉你到底发生了什么。”在他第一次担任总统发表“炉边谈话”（Fireside Chat）后，那些雪片般飞来的信件为他提供了大量原始信息，正是这些信息使他更加具体地了解了当时美国人的生存状况。以下是其中一封信的内容：

> 亲爱的总统先生：
>
> 我只想告诉您：现在一切都好。您派来的人认为我们的房子没有问题。我们和他一起去了银行，发现抵押贷款还能再使用一段时间。您一定还记得我写信告诉您丢失家具的事情。我现在高兴地告诉您，您的人已经替我们找回来了。我还从来没有听说过像您这样的总统……[1]

在这一时期，罗斯福一直通过埃莉诺传递信息。“我太太说那个地区有人得了热伤风”，“我太太说在她上周访问的那个城镇，人民的工资水平低于全国复兴总署确定的最低工资标准。”

---

① Richard Harrity and Ralph G. Martin, *The Human Side of F. D. R.*, New York: Duell, Sloan and Pearce, 1960.

那些爱他的人、恨他的人，都非常清楚他与人打交道的特殊模式，以及他在公开和私下场合的讲话方式。而帮助他成为一位伟大的总统的秘诀是，持续不断地求助于他的人民。

和外表迷人的哈定总统不同，罗斯福遇到挫折时会变得冷酷无情，尤其是当他认为有人会影响他决策时，罗斯福会直截了当地告诉对方："你管好你的工作，我也会管好我的，我不需要按照你的方式去做，因为美国人民选了我当总统，而不是你。"

在管理政务时，罗斯福经常委派两名或多名官员执行相同的或重叠的任务，以确保自己对事态的掌控。

罗斯福积极的人生态度植根于他自幼强烈的自尊心之中，所以他在与人争斗时，不仅精心算计，而且讲究战略战术。他的世界观是一组具有可塑性的观念集合。和胡佛总统逆来顺受和寻求关爱的性格不同，罗斯福个性固执，但他从不墨守成规。罗斯福关注的是结果，而胡佛由于自卑，过多地将注意力集中于原则性和可信度上，因此罗斯福更容易成功地解决问题，因为他更清楚自己要什么。罗斯福最想做到的就是让美国民众的生活变得更好。为了达成这一目标，他甘愿牺牲许多东西，包括自己的主张和政策的连贯性。

20 世纪 20 年代是美国一个浮华的年代。以汽车消费为例，1914 年，全美登记在册的汽车就有 125 万辆，而当年新车总产量仅为 56.9 万辆。到 1929 年，美国汽车年产量已增长 10 倍，达 562 万辆，而当年美国登记在册的汽车达 2650 万辆，占全世界总量的 56%。而同一时期，欧洲登记在册的汽车总量只有美国的 20%，年产量只及美国的 13%。但始于 1929 年的大萧条终结了所有的浮华。1929 年美国的失业率为 3.2%，但到 1933 年，这一数字上升到 24.91%。到 1934 年，全美约有 3400 万人口没有任何收入，占总人口数的 28%。

1930年至1931年间纽约市减少了四万部电话；纽约市出租车司机平均日收入从过去的七美元下跌到两美元。需要公共财政支持的学校大部分关门；1932年纽约有30万儿童因贫失学。美国卫生部报告称有20%儿童营养不良。到1933年全美有1500所高等院校破产或关闭，仅就芝加哥拖欠教师工资就达2000万美元，大学入学人数下降了25万人。

1931年的犹他州盐湖城，不仅银行里没有钱，连城里的金库和保险柜也都空了。当地人因为现金匮乏，不得不用工作来交换生活必需品，理发师用刮脸和理发来换取洋葱和土豆。

在罗斯福新政之前，美国基本不存在政府承担的社会救济，大城市中最贫困的群体最先体会到饥饿的打击。城市失业贫民群体通常以面包、马铃薯和豆类为食，每周食谱中能出现一点卷心菜，就算改善伙食了。普遍饥馑蔓延的极致是吃垃圾，1932年，在芝加哥贫民窟里，一辆卡车刚卸下垃圾，就有大约35名男女老幼一拥而上冲向垃圾堆，争抢零零碎碎的食物和蔬菜。

虽然此前的总统胡佛曾反复保证不会让任何人饿死。但在纽约州，仅1933年就有至少29人饿死。从1928年到1932年，美国诊断的营养不良病例增长了60%。在1940年到1941年报名体检的200万名兵役登记者中，有50%的人发现身体不达标。

1929年至1931年，美国有350万个家庭不得不靠领救济生活，占全美家庭总数的14%。大萧条彻底改变了美国家庭的生活轨迹。20世纪20年代，美国农村人口向城市迁移，十年间全美城市人口净增长了600万人，然而到了1930—1933年，人口开始倒流。仅1932年，美国农村人口净增长了将近30万人；到1935年，美国农村人口增长了200万人。

在俄亥俄州扬斯顿市，数以百计的流浪汉挤在市政垃圾焚化厂里取暖，因为那里可以躲避大湖区严酷的冬日寒流。流浪者中最醒目的群体是青少年，其中不少孩子来自曾经的中产家庭。1933年10月，领取救济的人口普查显示，救济名单上42%的人，年龄在16岁以下。在密苏里太平洋铁路上，流浪者从1929年的1.3万人增加到1931年的20万人。1930年，14—19岁的青少年中，40%的男孩和23%的女孩都在打工挣钱，而过去他们中的多数都在学校读书。

尽管罗斯福对改造美国颇有一番抱负，但他首先必须拯救处在崩溃边缘的国民经济。1933年罗斯福就任总统时，美国的失业率已经突破了23%，农产品价格下跌到不及1928年时的40%，工业总产值损失了50%以上，美国已有200万人露宿街头。

罗斯福上任后能否拯救美国，完全取决于他能否挽救金融行业和工农业生产的崩溃，能否为失业者找到新的工作。

1933年3月6日，在就职总统后不到48小时，罗斯福便下令全国32个州及首都的所有银行停业四天。在罗斯福的努力下，3月9日，国会通过《紧急银行法》，宣布将全国金融机构纳入财政部监管之下；与居民存款关联最密切的半数银行，在一周内得以重开，其余须接受指导与重组，1000多家已经丧失偿付能力的小银行则被强制关闭；为了增加市面流通资本，政府授权复兴金融公司优先购买各银行的股票，同时终止黄金交易以保护储备。

作为一项永久性约束措施，1933年6月，美国国会通过了《格拉斯－斯蒂格尔法》，规定所有银行须将其储蓄（商业）部门与投资部门完全分开，不得利用客户存款从事投机业务。同时，为了防止灾难性挤兑的出现，将由新成立的联邦存款保险公司（FDIC）为主要金融机构的小额存款提供每份最高2500美元的保险。为了进一步增加流动性、解决通货紧缩问题，联邦政府还在国内停止了黄金汇兑，有计划地调整了美元的含金量。

从整顿银行业的举措中，不难看出在罗斯福的领导下，联邦政府不再拘泥于国会授权（尽管国会同样掌握在民主党人手中），而是敢于先斩后奏地采取非常手段，随后通过追加立法巩固成果。

1933 年 5 月，罗斯福签署了《农业调整法》（AAA），并宣布由农业部直接指导主要农业州的生产计划。国家对农产品的调控不再仅仅是停留在流通层面，而且还进入了生产部分。根据罗斯福的命令，美国农业部统计了小麦、玉米、猪肉、棉花等七种主要农产品的预估产量和实际需求，对可能造成过剩的部分直接予以赎买销毁。1933 年夏天，美国就紧急宰杀了 22 万头大猪和 600 万头小猪。从 1934 年春天起，所有不遵守调控计划、超量种植农作物的农场主都被处以罚金，因为减产面临破产威胁的农户，可向国家申请贷款。

对于最棘手的就业问题，罗斯福在 1933 年 6 月签署了《全国工业复兴法》（NIRA），组建了专门用于处理劳资关系的国家复兴管理局（NRA），帮助每个行业制订新的管理法规，并就最低工资额、每周工作时间等细节做出明确规定。根据《复兴法》，国家目前处于紧急状态，联邦政府可以在冻结部分商品价格的前提下强制要求企业投入生产。《复兴法》规定的另一项授权是建立公共工程局（PWA），并在两年内拨款 33 亿美元用于大型基建项目。从 1933 年到 1939 年，PWA 实际投入 60 亿美元的资金，修建了 11,482 个公路项目、7488 座校舍、六座大型水电站、上百个军用级机场、五座跨海大桥、超过三万套住房及两艘航空母舰，这些不仅有效拉动了就业，每年还消耗了全国一半的混凝土产量和 13% 的钢产量。而另一个以工代赈机构民政工程管理局（CWA）在 1933 年到 1934 年的五个月里，同样完成了 18 万项工程难度较低的建筑修缮，投入资金 9.55 亿美元，创造就业岗位 400 万个。

1934 年 11 月，罗斯福公开宣告了“新政”第一阶段的胜利。尽管美国当时的总体经济规模和人均 GDP 仍未恢复到“柯立芝繁荣”时的水平，但一度濒临崩溃的金融体系和农业最终在罗斯福的努力下得救了。

所谓“大萧条”，是指以 1929 年 3 月 24 日美国的股市下跌为标志的，持续时间最长、影响最广、强度最大的经济衰退。据1939年美国国家资源委员会的报告估计，因经济萧条，仅美国1929—1937年人力和机器没有充分使用而损失的费用就高达2000亿美元，而美国在第二次世界大战中的军费（1941—1945年）也不过2600亿美元。所以，大萧条是和平年代的另类世界大战。

“大萧条并不是老年人不可救药的风湿症，而是由发育过速而引起的四肢神经痛，是由一个经济阶段过渡到另一个经济阶段时，在重新调整中的痛苦。”这番话，出自1931年的《劝说集》，作者是国家资本主义之父、英国经济学家约翰·梅纳德·凯恩斯。

如何在短期内摆脱经济困境呢？凯恩斯开出的药方是，“除了政府插手弥补私人企业的不足外，很难解决当前的萧条”。大萧条时代，消费的钱从哪里来呢？凯恩斯说：“就国内经济形势而言，如果你减少工资，你将减少另一部分人的购买力。”而他的办法是政府“负起直接投资之责”，扩大国内投资，恢复商业信心，然后带动私人企业重新投资，等市场作用恢复后，再逐渐降低政府干预的程度。他说，这些扩张性的做法，才是医治衰退的真正措施。凯恩斯还开玩笑说：“政府可以今天雇另一批人，发钱让他们挖一些大坑；第二天政府再雇一批人，发钱让他们把大坑填上。”这样一来就业机会有了，人们手头上也有了钱，经济连锁反应将让各行各业都有收益。当然，政府为了刺激消费和投资而大量增加财政开支，势必造成财政赤字，对此凯恩斯主张采用大举借债的办法来解决。举债支出虽然“浪费”，但结果却可以让社会致富。

1936年，凯恩斯发表了划时代的巨著《就业、利息和货币通论》，为彷徨中的资本主义指出了方向，但凯恩斯毕竟只是一位坐而论道的经济学家，真正采用“凯恩斯主义”来“悬壶济世”，则需要出现一位慧眼独具的政治家，罗斯福就是这样一位政治家。

罗斯福是一个执着地追求美国现实利益的总统，他的行为方式更多地体现出了实用主义的倾向。美国著名记者约翰逊在罗斯福传记中写道："他推翻的先例比任何人都多，他砸烂的古老结构比任何人都多，他对美国整个面貌的改变比任何人都要迅猛而激烈。"《美国史》一书的作者拉夫尔·德·贝茨评论说："罗斯福或许还不能被认为是一个知识界领袖，在许多领域，他的造诣并不深，也不是一个见地卓绝的思想家，但他是一位伟大的总统。"丘吉尔在《第二次世界大战回忆录》中关于罗斯福逝世是这样写的："的确，罗斯福可以说是在战争的最高潮的时刻，而且正当最需要他的权威来指导美国政策的时候去世的。我和这位卓越人物的关系，在我们共同工作这漫长而充满惊涛骇浪的岁月中，曾经起过极其重要的作用。现在这些关系已经告终，一种深沉而无可挽回的损失之感把我压倒了。请接受我对于你的悲痛离世最深切的同情，这也是英国和全世界各地自由事业的损失。我对你们全家深表同情。"

罗斯福给美国带来了什么呢？罗斯福在首次就职演说中说出了一句颇具哲理的话："我们唯一恐惧的是恐惧本身。"而当时的大背景是，美国正在发生建国以来最严重的一次大萧条危机，整个美国都陷入空前的动荡、焦虑和恐惧之中。罗斯福当选美国第32任总统后，他的朋友们对他说：如果他成功，将成为美国最伟大的总统；但若失败，则是最糟糕的总统。对此罗斯福则坦诚地说："如果我失败，我就是美国的末代总统了。"

三、不同的原生家庭，不同的行为偏好

罗斯福的原生家庭与哈定、胡佛完全不同，他是出身于上流社会的政治家庭，所以他注定有一个完全不同的人生。在童年时期，罗斯福便有最好的

家庭教师，教他学习拉丁语、法语、德语、书法、算术和欧洲历史。由于罗斯福是家中独子，所以他得到了最多的关爱。

罗斯福五岁时便见到了时任总统克利夫兰，克利夫兰给罗斯福一个奇怪的祝愿："祈求上帝永远不要让你当美国总统。"但这也可能是上帝的旨意，罗斯福最后成了美国历史上任职时间最长的总统，也是最有威望的总统。

出身上流社会的罗斯福，不仅见多识广，且文质彬彬、酷爱体育，他擅长网球、高尔夫球，并爱好骑马和驾驶帆船。

1900 年，罗斯福进入哈佛大学攻读政治学、历史学和新闻学。也就在这一年，他 72 岁的父亲去世了，除了父亲给他留下的存款，他的母亲还从罗斯福外祖父处继承了 100 万美元的遗产。在那个时代，罗斯福的家庭财富远超过今天的亿万富翁。他的家庭给他提供了巨大的帮助，正是他主动邀请时任纽约州州长的堂叔西奥多·罗斯福，也就是后来的总统到哈佛来演讲，作为回报，埃利奥特校长接见了作为一年级新生的罗斯福，这对于一个一年级的新生而言是莫大的荣誉。1905 年 3 月，罗斯福与埃莉诺结婚时，西奥多·罗斯福总统亲自参加了他们的婚礼，婚礼十分隆重。但罗斯福知道，参加他婚礼的大多数人都是冲着总统而来的，这也激发了他竞选总统的决心。但 1910 年罗斯福的一个决定，至今让人感到不解，即他以民主党人的身份涉足政治。当他把自己加入民主党这个决定告诉身为共和党人的总统西奥多·罗斯福时，"你这个卑鄙的小兔崽子！你这个叛徒。"但是罗斯福并没有因此而改变前进的方向，他乘着一辆红色的汽车，每天进行十多场的演说，最后以民主党的身份成功当选纽约州参议员。

由于罗斯福加入了民主党，1913 年民主党人威尔逊总统任命罗斯福为助理海军部长。他强烈主张建设强大而有作战能力的海军，所以罗斯福一生在海军中的影响，是之前任何一位总统无法相比的。

由于忙于威尔逊国际联盟计划的游说，1920 年罗斯福竞选副总统提名失败。然而，每个人的命运都有可能在不经意之间改变。1921 年 8 月，在坎波贝洛岛休假时，罗斯福因在扑灭了一场林火之后跳入冷水中而患上了脊髓灰质炎，从而导致他终身残疾。但厄运并没有使罗斯福放弃理想，相反，正是这场灾难重塑了罗斯福的后半生。

罗斯福的远见卓识主要得益于他最钦佩的两位总统：一位是他的远房堂叔西奥多·罗斯福总统，他教会他如何捍卫民族的利益；另一位是伍德罗·威尔逊总统，他告诉他国际秩序必须建立在共同维护的和平基础之上。

罗斯福两次当选纽约州州长，所以，纽约是罗斯福管理国家事务的实验室。

1932 年的美国总统竞选是在大萧条背景下进行的。1932 年 11 月，罗斯福作为民主党的总统候选人参加竞选。他的政治主张是，实行新政和振兴经济。虽然共和党政敌们和民主党党内竞争对手们常用残疾缺陷来攻击他，但罗斯福以出色的政绩、卓越的口才和充沛的精力将劣势变成了优势。

他在竞选时演讲说：“一个州长不一定是一名杂技演员，我们选他并不是因为他能做前翻滚或后翻滚。他干的是脑力劳动，是设法为公众服务的劳动。”

1932 年 6 月，在民主党全国代表大会召开前，罗斯福成功说服加纳成为自己的竞选搭档，因此赢得了得克萨斯州的支持和赫斯特堡系的声援。最终罗斯福在加利福尼亚州民主党党团主席麦卡杜的支持下，获得了民主党总统候选人的提名。在 1932 年的美国总统大选中，罗斯福获得了 57.41% 的普选票和 42 个州的选举人票，而时任总统胡佛只在东北部赢下六个州。聚集在民主党罗斯福旗帜下的有抛弃了胡佛的银行和石油资本家、中间派共和党人、基层公务员、工会成员、蓝领工人、少数族裔（黑人、天主教徒、犹太人）、南方白人，以及知识分子。尽管到当选时为止，罗斯福对何谓“新政”并没有一个正式的定义，但他在不同场合已经不止一次明示过自己与胡佛的区别。政府的职责在于保护全体公民的个人自由和私有财产，决不能偏袒个别集团。如果金融界和工业界的负责人拒绝为公众利益服务，要求政府出面加以限制就是适宜的。

在入主白宫后，罗斯福要求国会批准他拥有与战时总统相同的权力，以应对目前的紧急情况。他说，“总统有权力按照公众利益的需要采取行动，即使法律没有明文授权。”

四、置之死地而后生

1933 年 3 月 6 日晚 8 时 36 分，为了拯救已经破产的美国，罗斯福总统在白宫签署了国会用 38 分钟通过的《伍丁法案》。根据这项法令的授权，当晚国家印制局新雇了 376 名工人，印刷了 20 亿美元新钞。由于新印模来不及印制，只好沿用 1929 年印行的旧版，联邦储备银行 12 个分行行长的签字来不及要，也只好从政府档案中找出旧样本，派人送到泽西市的美国铸刻工厂赶制印模。罗斯福就是以这种方式，开始了拯救美国的“百日新政”。

入主白宫后，罗斯福便立即对内积极推行以救济、改革和复兴为主要内容的“罗斯福新政”。“新政”加强政府对经济领域的干预，实行赤字财政，以大力发展公共事业的方式刺激经济。为了推行新政，罗斯福通过“炉边谈话”方式，密切了与民众的联系。

1933 年 3 月 9 日至 6 月 16 日，仅仅三个多月的时间，美国国会便通过了《紧急银行法》《联邦紧急救济法》《农业调整法》《国家工业复兴法》《田纳西河流域管理法》等。

促使美国经济“复兴”的主要措施包括但不限于：维持银行信用，实行美元贬值，刺激对外贸易；限制农业生产以维持农产品价格，避免农场主破产；

规定协定价格以减少企业之间的竞争，防止更多企业倒闭。

1935—1939年的新政则主要侧重于改革。主要措施有更为有力地运用行政干预，实行缓慢的通货膨胀，广泛开展公共工程建设和紧急救济，实施社会保险，努力增加就业机会和提高社会购买力，同时进行税制改革。

仅仅过了三年，罗斯福的新政便恢复了公众对美国政治制度的信心；美国的工业、农业也逐渐恢复。到1936年，美国国民收入增幅已高达50%，所以罗斯福在竞选连任时宣布："此时此刻，工厂机器齐奏乐曲，市场一片繁荣，银行信用坚挺，车船满载客货往来奔驰。"

五、为什么是罗斯福？

20世纪30年代，受第一次世界大战的影响，极端民粹主义成为国家意志，而当时的大英帝国已经无力履行所谓国际秩序维护者的责任。

此时的美国也尚未从第一次世界大战的梦魇中走出来，全国上下都十分厌战。国会的孤立主义者认为，美国加入第一次世界大战是错误的，并决心阻止美国卷入另一场欧洲战争。自1935年《中立法案》通过以来，国会通过了一系列法律，旨在最大限度地减少美国参与国外的战争。罗斯福接受了中立法，但同时警告美国人，在一个日益受到德国、意大利和日本独裁政权威胁的世界之外，保持孤立是十分危险的。1937年10月，他在芝加哥发表讲话，提议爱好和平的国家齐心协力，打击侵略者。但这个提议在全国引起了极大的恐慌，罗斯福很快就放弃了这种适度的国际参与。

1938年5月，国会通过《文森扩充海军法》，批准增拨十亿美元发展海军。1938年12月，在罗斯福的倡导下，泛美会议通过了《利马宣言》。1939年9月，第二次世界大战在欧洲爆发，罗斯福召集国会召开特别会议，修改中立法案，允许交战国——即英国和法国以"现购自运"的方式购买美国武器。1940年夏，法国沦陷，英国独自面对纳粹战争机器，罗斯福说服国会加强防御，并以“除了战争之外的一切援助”来支援英国。那年秋天，罗斯福向英国派遣了 50 艘较旧的驱逐舰，以换取八个海军基地。

舰船换基地发生在 1940 年美国总统竞选期间。在这之前，民主党人提名了已担任两届总统的罗斯福作为总统候选人，如果罗斯福再度竞选成功，他将打破自乔治·华盛顿以来美国总统连任不超过两届的传统。共和党候选人威尔基背离了孤立主义主导的共和党传统，在大多数外交政策问题上与罗斯福一致，包括增加对英国的军事援助。在选举日，罗斯福以 2700 万比 2200 万的普选票优势击败了威尔基，至此罗斯福第三次当选为美国总统。

1940 年 12 月，正在拉丁美洲加勒比海地区巡视的罗斯福收到时任英国首相丘吉尔的特急信件。丘吉尔在信中说，“为抵抗德国军事力量，英国需要大量武器装备，但英国财政恐怕等不到为美国武器装备交付现金之日”。作为成熟稳重的政治家，罗斯福在记者招待会上并没有提出由美国贷款给英国的建议，而是打了一个比方：我把花园浇水管借给起火的邻居，帮助邻居扑灭火灾，而灭火之后邻居是归还水管还是赔偿水管，都好商量。1941 年 1 月 6 日，罗斯福提请国会授权，并拨给充足的款项，去制造更多的军火和多种军用物资，以供移交现在同侵略国家进行战斗的国家。

1941 年 3 月，经过激烈辩论，美国国会通过了《租借法案》，以帮助美国接受英国及其盟国的军事和其他援助的非现金支付。《租借法案》的通过，是美国积极加入反法西斯战争的重要里程碑。1941 年 6 月 22 日，苏德战争爆发之后，罗斯福宣布美国将援助苏联，8 月，在纽芬兰附近的一艘战舰上，美国总统罗斯福和英国首相丘吉尔发表联合声明《大西洋宪章》，承诺他们的国家实现“最终摧毁纳粹暴政”的目标。

1941 年 12 月 7 日，日本偷袭珍珠港，太平洋战争爆发。次日，美国和英国向日本宣战，而同时德国和意大利也向美国宣战。自此美国正式参加了第二次世界大战。为了赢得战争，罗斯福下令实施了全民战争动员。第二次世界大战结束时，美国武装部队总人数达到1514万人，其中陆军1042万人，陆军航空队230万人（飞机7万余架），海军388万人（舰船4500艘），海军陆战队59万人，海岸警备队24万人。1941年6月，美国还在国防部内成立了科学研究与发展局。从1941年开始，美国逐渐完成了向战时经济的转变。此后罗斯福又成立了供应品优先分配委员会、战时生产委员会、经济稳定委员会、战时动员委员会，从而保证了美国及其盟国的战争需要。

1942年，罗斯福在原陆海军联合委员会的基础上，组建参谋长联席会议，由陆军参谋长乔治·马歇尔、海军作战部长欧内斯特·金，陆军航空队司令亨利·阿诺德及总统参谋长威廉·李海组成，对武装部队实施统一指挥。为了共同研究对敌作战计划，罗斯福和丘吉尔在1941年华盛顿举行“阿卡迪亚”会议，达成的主要协议有：制定1942年和1943年美国的生产目标；成立“军需品分配委员会”，统筹分配军需品；成立美英联合参谋长会议，协调盟军的联合作战；太平洋地区成立美英荷澳盟军司令部；组建中国战区（同时组建中缅印战区美军司令部）；重申盟国战略为“欧洲第一”，即首先战胜纳粹德国；拟定了《联合国家共同宣言》。1942年元旦，在罗斯福的努力下，来自美、英、苏、中等26个国家的代表，在华盛顿签署《联合国家共同宣言》，国际反法西斯同盟正式形成。

1942年，北非地区的盟军面临着极为不利的形势，为了摆脱军事困境并对盟军没能于1942年在欧洲开辟第二战场进行补偿，罗斯福不顾马歇尔的反对，和丘吉尔一道决定实施盟军北非登陆计划，以消灭该地区的德意军队。

1943年年初，罗斯福和丘吉尔率领指挥部和参谋人员前往摩洛哥卡萨布兰卡参加军事会议，会议后宣布了轴心国无条件投降的原则。会后，罗斯福说："法西斯轴心国必须无条件投降。这并不意味着消灭德国、意大利和日本的所有居民，而是消灭这些国家以征服和奴役他人为基础的哲学。"1943 年以来，反法西斯同盟由战略防御转变为战略进攻。为了协调盟国的作战行动，讨论盟国战后的政策，罗斯福与盟国领导人举行了一系列重要会议。1943 年 5 月，罗斯福、丘吉尔和有关指挥部及参谋人员在美国华盛顿召开了"三叉戟"会议。1943 年 8 月，为了实施"霸王"计划，罗斯福和丘吉尔在加拿大魁北克举行了"象限"会议。1943 年 11 月 22 日至 11 月 26 日，中美英三国召开开罗会议并签署了《开罗宣言》。根据宣言，三国的目标是剥夺日本自第一次世界大战以来占领的所有太平洋岛屿，将日本从中国窃取的所有领土归还中国，让朝鲜自由独立，并要求日本无条件投降。开罗会议后，1943 年 11 月 28 日至 12 月 1 日，罗斯福、丘吉尔前往伊朗，与苏联领导人斯大林举行德黑兰会议。会议决定在欧洲开辟第二战场，在意大利开展军事行动，在太平洋开展进攻行动，以及德国投降后苏联参加对日作战行动。会议还讨论了战后对德国的处置和战后建立国际组织以维护世界和平与安全等问题。会议重申，盟军将在 1944 年 5 月开始"霸王"行动。为此罗斯福决定任命艾森豪威尔为盟军的最高指挥官，以实施"霸王"计划。1944 年 6 月 5 日，盟军在法国诺曼底登陆。1944 年，第二次世界大战正处于关键时刻，美国总统大选临近。美国民主党政府警告选民：不要在河里换船。为了赢得选举，罗斯福反驳了共和党总统候选人托马斯·杜威 (Thomas E. Dewey) 对其"疲惫老人"的攻击，公开了他的医生、海军中将罗斯·麦金太尔 (Ross McIntyre) 出具的健康证明，并有意在恶劣的天气中开展竞选活动。1944 年 11 月 17 日，罗斯福以 53% 的选票获得第四次连任。

1945 年 2 月 4 日至 2 月 11 日，罗斯福、丘吉尔、斯大林在克里米亚半岛举行雅尔塔会议。会议主要讨论了战后德国的处置、波兰重建、东欧政府、联合国、苏联对日作战等问题，会议重申纳粹德国必须无条件投降。这次会议基本确立了战后的世界格局。

令人惋惜的是，在这一任期里，罗斯福只担任了73天总统就在佐治亚州去世。罗斯福连任了四届总统，在总统位置上一共度过了12年又39天，他是第一位任期超过两届、打破华盛顿先例的美国总统。由于1951年通过的宪法修正案第二十二条对总统任期作出了限制，罗斯福成为美国历史上唯一一位任期达四届的总统。

罗斯福的一生是不平凡的一生。他带领美国人民战胜了严重的经济大萧条，随后又领导美国参加第二次世界大战，为战胜法西斯作出了重大贡献。罗斯福去世那天写下了这样两句话，或许可以作为他一生的行为指南："唯一阻碍着我们实现明天目标的就是对今天的疑虑。让我们怀着坚强而积极的信心，奋勇前进吧！"

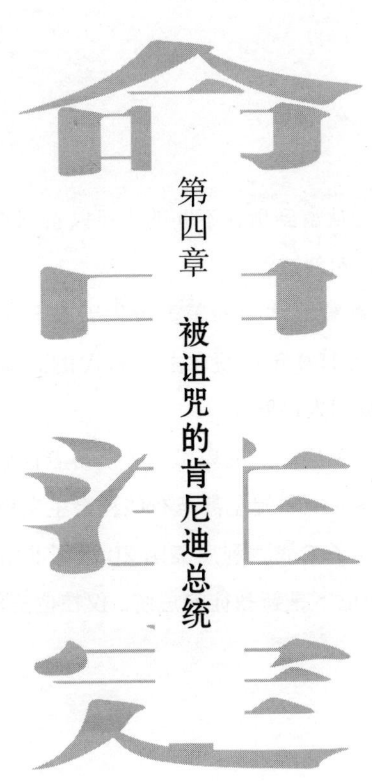

第四章 被诅咒的肯尼迪总统

从平民到总统，从富到贵，不同的人可以看到不同的风景，但是任何人都只是历史的匆匆过客。

虽然肯尼迪家族被媒体称为美国近代历史上最为显赫的家族之一，但实际上他们是150年前爱尔兰人移民的后裔，在美国的地位甚至比今天的非裔美国人还要低。

正是由于肯尼迪家族早年的卑微，才使得老肯尼迪希望自己的下一代大富大贵。最终，中间偏左甚至有些社会主义思想的肯尼迪遂了老肯尼迪的心愿，成了二战胜利后美国20世纪非常闪耀的明星总统之一。他是美国第一位不是新教徒的总统，仅在位三年就被刺杀身亡。

一、死亡名单

在肯尼迪被刺杀身亡之前，肯尼迪家族中的一部分成员都莫名其妙地死于意外。

20 世纪肯尼迪家族中第一个死于意外的是小约瑟夫·肯尼迪，他是肯尼迪家族中当时最有希望从政的人。老肯尼迪一直有个梦想，就是希望家中有人做美国总统，以改变家族暴发户的形象。而小约瑟夫·肯尼迪，就是那个最有希望成为美国总统的人，可在二战时小约瑟夫却意外死于一起飞机坠毁事件。

第二个意外死亡的是凯瑟琳·肯尼迪，她是老肯尼迪的二女儿。她刚结婚不久，丈夫就在法国战场上被杀。1948 年 5 月 13 日她和新男友英国菲茨威廉伯爵在法国驾机度假时，因遇大风坠机身亡。

第三个意外死亡的是肯尼迪的幼子帕特里克·布维尔·肯尼迪，他在早产两天后，于 1963 年 8 月 9 日死于婴儿呼吸窘迫综合征。

第四个意外死亡的就是约翰·肯尼迪总统本人，他于 1963 年 11 月 22 日遇刺身亡。

第五个意外死亡的是爱德华·肯尼迪，他是小约瑟·肯尼迪和约翰·肯尼迪意外死亡之后，肯尼迪家族最可能成为美国总统的人。但他和女朋友在回宾馆的路上，因汽车坠河而意外身亡。

第六个意外死亡的是约翰·肯尼迪的儿子派屈克，他因呼吸系统疾病而夭折。

第七个意外死亡的是小约瑟夫·肯尼迪的儿子，他在 1968 年参加总统竞选时，在洛杉矶遭枪杀身亡。

第八个意外死亡的是约瑟夫的幼子、参议员爱德华，他 1968 年在马萨诸塞州遭遇车祸身亡。

第九个意外死亡的是罗伯特之子戴维，他于 1984 年因过量吸食海洛因死亡。

第十个意外死亡的是罗伯特的另一个儿子迈克尔，他在科罗拉多滑雪时受伤，翌日在医院不治身亡。

第十一个意外死亡的是约翰之子小约翰，他驾驶的飞机在长岛外海域失事坠毁，其妻子和妻子姐姐也与他一起不幸遇难。

第十二个意外死亡的是罗伯特的儿媳玛丽·理查森·肯尼迪，她上吊自杀身亡。

第十三个意外死亡的是罗伯特·肯尼迪的一个外孙女西尔莎·罗辛·肯尼迪·希尔，她于 2009 年 8 月 1 日因服药过量死亡。

第十四个和第十五个意外死亡的是罗伯特·肯尼迪的外孙女梅夫·肯尼迪·汤森德·麦基恩和她 8 岁的儿子吉迪恩，她们于 2020 年 4 月 2 日在安纳波利斯附近划船时失踪溺亡。

上述 15 位肯尼迪家族成员的意外死亡，除了死于空难、谋杀及其他意外，有些意外则更加令人难过。

例如，约翰·肯尼迪总统的弟弟、美国前司法部长罗伯特·肯尼迪的外孙女、22 岁的西尔莎·肯尼迪·希尔因吸毒过量死亡，但对于希尔为什么会沉湎于毒品鲜有报道。其实真正的原因是，希尔在中学时被性侵，之后她的精神状态就不正常了。

最近的一次事故更是让人惋惜。2020 年 4 月 2 日，肯尼迪家族成员梅芙·肯尼迪·麦基恩和她年仅八岁的儿子吉迪恩，在马里兰州林荫区梅芙母亲的海滨别墅聚会时意外溺亡。据说是孩子们在院子里玩耍时把一个球踢进海水中，梅芙和吉迪恩跳上小船去追球，然后小船被风和海浪推入开阔的海湾后，两人落水溺亡。

梅芙今年40岁，是一名公共卫生官员和律师，是美国前总统约翰·肯尼迪的孙侄女，也是美国前司法部长罗伯特·肯尼迪的外孙女。

梅芙的丈夫戴维在他的脸书上说，2020年4月2日，他和梅芙之所以决定带孩子去马里兰州的一个家庭湖边别墅，就是希望在新冠肺炎疫情封锁期间给孩子们更多的玩耍空间。可是这两个鲜活的生命，又一次因意外死亡了。

当下，已经凋零的肯尼迪家族，早已没有了往日的声望和地位。只是这个家族身上，仍然笼罩着死亡的阴影。

二、为什么被诅咒？

很多美国人说，肯尼迪家族成员之所以不断地莫名其妙死于意外，是因为肯尼迪家族被诅咒。那为什么美国那么多显赫的家族中，只有肯尼迪家族被诅咒呢？

据传，肯尼迪家族被诅咒的原因之一是，老肯尼迪1937年至1940年间担任美国驻英大使时，拒绝给500名将被送进纳粹死亡集中营的犹太人派发签证。

原因之二是，1937年老肯尼迪在乘船回美国的途中，同船有一位从纳粹魔掌逃出来的犹太牧师，而老肯尼迪要求船长禁止犹太牧师等人在船上祈祷，结果被那位犹太牧师下了一个诅咒。

作为曾经美国历史上最显赫的家族之一，肯尼迪家族所遭受的厄运不仅让所有的家族成员恐惧，也更为世人所唏嘘。在任何时代，当非正常事件频发，超出人们的理解能力时，人们往往会寻求超自然的解释。这就是为什么大家总是认为肯尼迪家族被诅咒的原因。

其实如果犹太教士果真可以下咒，那他为什么不去诅咒将整个犹太民族推向灭族边缘的纳粹？同样，神灵如果可以随意操纵一个家族的命运，那么为何不去阻止造成生灵涂炭的第一次世界大战和第二次世界大战呢？

所以，人的悲剧更多是性格的悲剧，而人的性格则跟原生家庭息息相关。肯尼迪家族的悲剧，其实是自我实现的悲剧。如果不是老肯尼迪夫妇为了要改变家族的社会地位，在教育孩子方面太过功利和冷漠无情的话，他们的孩子们也不至于为了讨好他们而形成事事争强好胜、傲慢自大的亡命性格。

据老肯尼迪九个孩子中的尤妮斯·肯尼迪·史里弗后来回忆说，他们的父亲老肯尼迪一直以非常残酷的方式培养和教育他的孩子们。老肯尼迪对四个男孩从小就有规划，他期望老大小约瑟夫能成为美国总统，老二约翰将来可以成为出版商或记者，老三罗伯特做律师，担负起捍卫家族利益的重任。

在这个家里，孩子们从来不被允许犯错误。吃饭时，孩子们必须在饭前五分钟全部就座，等待父亲。而孩子们的母亲罗斯则会把报纸上当天报道的新闻贴在通往餐厅的走廊上，以便孩子们经过时读上几条，在餐桌上进行辩论。

在约翰·肯尼迪刚出生不久时，老肯尼迪家便有两条快帆船。每次孩子们出航，老肯尼迪都要在港口用望远镜观看。有一次罗伯特在转弯时不慎落入海中，当时他距海岸很远，深受老肯尼迪影响的哥哥小约瑟夫见状非但不救，反而扬帆继续航行。孩子们恪守“一切为了胜利”的格言，反而成为他们彼此攻击的理由。在小约瑟夫、约翰、罗伯特三兄弟间，“一切为了胜利”这句格言，经常引起他们的激烈争夺。当爱德华·肯尼迪还是个乳臭未干的孩子时，他就曾被从哥哥们房里传出的吼叫、诅咒、谩骂和呻吟声吓得不知所措。为了赢得父亲的赏识，老肯尼迪的孩子们什么都可用来作为斗争的理由。老肯尼迪的家不是用来享受天伦之乐的，而更像是个足球队，他既是教练，又是经纪人和裁判。而母亲罗斯的工作则是在孩子们身边喋喋不休，其目的就是让孩子们不惜任何代价，取得每一项竞赛的胜利。

在家中，老肯尼迪是苛刻、独裁并且冷酷的，他的一生都在使用手段对自己所有的孩子进行控制，这些手段包括讽刺、挖苦和嘲弄。

他们的母亲罗斯似乎也没有作为母亲的温情，她从来没有说过爱自己的孩子们，她要的只是孩子们对她的尊敬。1993 年美国分子生物学家发现了 DRD47R，一种被认为与冒险行为直接有关的基因。而肯尼迪家族具有上述基因的人明显高于正常水平。“DRD47R 基因可能存在于肯尼迪家族的最好证据，就是这个家族中频繁出现的、寻求刺激的冒险行为。”加州大学埃佛林的分子遗传学教授罗伯特·莫耶西斯医生说，“带有这种基因的个体，常常行为外向，比一般人更勇于尝试，当然也就有了更大的风险。”

《肯尼迪诅咒》一书的作者认为，肯尼迪诅咒源自肯尼迪家族成员们狂妄自大到认为自己能超越社会与自然的法则。而当一个人、一个家族失去了对上天、对社会、对自然、对他人必要的敬畏之心，那么等待他们的只有看似突如其来的惩罚和世代的厄运。

三、不可逾越

很多人不知道，富与贵之间几乎存在着不可逾越的距离，即便你拥有富可敌国的财富，你也无法得到贵族享有的尊重。财富永远只是权力的玩物，古今中外概莫能外。

肯尼迪祖上是从爱尔兰移民到美国的。他们开始来到美国时非常贫困，好不容易生活有点起色了，他的祖父却因为染病而去世了。无奈之下，他的祖母担起了家庭的重任，她认为只有钱才可以改变家族的命运。

肯尼迪总统的曾祖父是爱尔兰威克斯福德人，1848 年逃难到了美国的波士顿。他的祖父生于 1862 年，在波士顿开了一家酒吧兼营银行业，参与过当地的政治活动，后来终于成了马萨诸塞州的议员。肯尼迪的父亲老约瑟夫·帕特里克·肯尼迪（Joseph P.Kennedy，Sr.）1888年出生于波士顿，1912年于哈佛大学毕业，后从事银行业，1914年在波士顿东区哥伦比亚信托银行当总经理。一战后投资股票赚了大钱，成为百万富翁。1932年美国大选时老肯尼迪支持了罗斯福，并成为主要赞助人之一，1934年被罗斯福总统任命为新成立的证券交易委员会主席，1937年担任美国驻英国大使。

老肯尼迪和妻子罗斯是在1914年10月结婚的，他们共育有子女九人，四男五女，肯尼迪是次子。

约翰·肯尼迪总统一生都在与各种疾病做着斗争。他在三岁生日时便患上了恶性猩红热，1930年秋天他又患上了爱迪生氏症（Addison's Disease），这种疾病使得他的内分泌系统紊乱，免疫力低下。由于担心自己的健康问题影响到政治前途，所以肯尼迪对自己的身体状况严格保密。直到他被刺身亡之前，他一直以类固醇类药物抵御爱迪生氏症带来的身体虚弱的影响。为了治疗并发症，他长期依赖大量的镇静剂、止痛药、睾丸素、抗生素和安眠药等。

五岁时，肯尼迪被送进入爱德华奉献学校（Edward Devotion School）学习。1924年，七岁的肯尼迪和他九岁的哥哥小约瑟夫一起被送入德克斯特学校学习。后来，肯尼迪又被送到位于康涅狄格州瓦林福德的坎特伯雷寄宿学校继续学习。

1936年7月，肯尼迪申请哈佛大学并被顺利录取。在哈佛大学学习期间，他用了两个月的时间在法国和英国旅行，目的是了解大萧条之后欧洲的发展情况。1939年春季他再次访问了伦敦和罗马，并从教皇庇护十二世那里领受了圣餐。在这两次访问的间隙，他还利用暑假时间在美国驻英大使馆实习。

肯尼迪欧洲之行的主要成果是一篇论述英国绥靖政策根源的优等生论文。《纽约时报》专栏作家阿瑟·克罗克根据温斯顿·丘吉尔出版的图书《英国仍在沉睡》给肯尼迪推荐了一个标题：《英国为什么沉睡》（*Why England*

Slept）。这篇论文出版后，在美国和英国产生了巨大的反响。1940 年 6 月，约翰 · 肯尼迪以优异的成绩从哈佛大学毕业，并获得了国际关系荣誉学位。

1941 年 10 月，肯尼迪以海军少尉的身份进入海军情报局外国情报处工作，之后晋升为中尉，被分配到南太平洋担任巡逻鱼雷艇 PT-109 的指挥官。鱼雷艇上有 12 名船员，他们的任务是阻止日本军舰向日军士兵运送物资。1943 年 8 月 2 日晚上，鱼雷艇的船员在水域巡逻，搜寻要拦截的目标敌舰。不幸的是，在与一艘日本驱逐舰战斗的过程中，PT-109 被撞成两截后沉没，两名船员遇难，其他人设法跳海逃生。肯尼迪被重重地撞在驾驶舱上，背部受伤。另一名船员帕特里克 · 麦克马洪（Patrick McMahon）的脸和手被严重烧伤，肯尼迪拖拽着他才得以生还。肯尼迪带领船员游到数千米外的一个小岛。六天后，两个当地的岛民找到了他们，并帮助肯尼迪转交了其刻在一块椰子壳上的求救信息。第二天，PT-109 所有艇员获救。

肯尼迪也因为这一壮举而先后获得二战紫心勋章、亚洲 - 太平洋战役奖章、二战胜利纪念章、海军勋章、海军陆战队勋章，成为社会公众人物。

约翰 · 肯尼迪跨入政坛其实并不在老肯尼迪的计划之内。第二次世界大战之后，作为次子的约翰 · 肯尼迪之所以进入美国政坛，主要是因为他的哥哥小约瑟夫 · 肯尼迪在二战欧洲战场上执行任务时不幸牺牲了，老肯尼迪这才将维护家族名声的重任交付给了约翰 · 肯尼迪。

1946 年，老肯尼迪决定让约翰 · 肯尼迪竞选联邦众议员。而那一年的选举形势对民主党人很不利，但约翰 · 肯尼迪的表现却是不错的，经过努力，他最终在竞选中获得了胜利。从那一天起，作为联邦众议员的肯尼迪赢得了很好的声誉。在众议院里，肯尼迪首先站出来反对《塔夫脱·哈特利劳工法》（即哈特利提案），从而引起了社会关注。1952 年，他又以“肯尼迪将为马萨诸塞做得更多”（Kennedy Will Do More for Massachusetts）为口号，参加了联邦参议员的竞选，并在战胜了势头强劲的对手亨利·洛奇（Henry Lodge）之后，成为代表马萨诸塞州的参议员。

1955年9月，在艾森豪威尔总统心脏病发作、不可能竞选连任的情况下，肯尼迪的计划是获得民主党1956年副总统候选人的提名，但肯尼迪的这个计划未能实现，因为在民主党全国代表大会上，田纳西州的联邦参议员埃斯蒂斯·基福弗（Estes Kefauver）战胜了肯尼迪，获得了1956年民主党副总统候选人的提名。

其实早在1953年7月，约翰·肯尼迪的健康状况就变得糟糕了。他在1954年4月进行了一次X光检查，结果显示他的第五节腰椎已经断裂。当年10月21日，他做了一个长达三个小时的手术，目的是将一个金属盘插进腰椎里以固定脊椎骨，但由于插入的金属盘被污染了，所以1955年2月，肯尼迪只好又做了一次手术将它取出。这两次手术对肯尼迪的身心影响巨大。1957年他凭借《勇气简介》（*Profiles in Courage*）一书获得普利策奖。

政治是一门艺术，需要高超的技巧和社会的关注。为了提高约翰·肯尼迪的支持率，根据老肯尼迪的安排，由肯尼迪的弟弟罗伯特·肯尼迪担任了肯尼迪竞选委员会的经理。在整个肯尼迪家族的支持下，1960年1月2日，肯尼迪在国会参议院秘密会议厅里，当着300名支持者的面，正式宣布他将竞选总统。努力总会得到回报，这是老肯尼迪的理念。4月5日在威斯康星州的初选中，肯尼迪获得了476,024张选票，为该州57年来候选人在初选中获得的最多票数。5月10日，肯尼迪又在西弗吉尼亚州取得了60.8%：39.2%的压倒性胜利。十天内，肯尼迪又在马里兰州以70%：17%击败了韦恩·莫尔斯，在俄勒冈州同样以51%：32%取胜。至此，肯尼迪已经打通了民主党总统候选人提名的道路。7月13日，在民主党全国代表大会上，肯尼迪获得了民主党总统候选人的提名。

肯尼迪因天主教徒的身份受到很多选民质疑。对于这一问题，肯尼迪在1960年9月12日得克萨斯州休斯敦市的一次公开演说中说："我不是天主教的总统候选人，我是民主党的候选人，只是恰好还是个天主教徒。在公共事务上我不是代表我的教派——教派也不代表我。"正是他的这次演讲抑制住了选民对他宗教信仰方面的质疑。

四、是电视使肯尼迪获胜

1960年9月26日晚，在CBS演播室里，肯尼迪与自己的竞选对手、已经当了八年副总统并由于与赫鲁晓夫进行过厨房辩论而广为人知的共和党总统候选人理查德·尼克松，面对7000万电视观众（占当时全美成年人口的大约三分之二），进行了美国历史上第一次总统候选人电视辩论。

在电视辩论中，肯尼迪给观众的印象是一个可以解决问题的领导人，而尼克松给选民的印象则是缺乏风度的政客，这就进一步强化了尼克松在过去竞选众议员、参议员和副总统时留下的负面印象。辩论后的民意调查显示，大多数通过收音机收听辩论的民众认为，尼克松在辩论中占据了上风，但所有在现场和电视机前的观众都认为肯尼迪占据了上风。因为镜头前的尼克松脸色阴沉憔悴，脸上的剃须粉被汗水冲出了沟痕，在浅灰色的舞台背景灯光下，身穿浅灰色西服的尼克松淡化成了一个模糊的人影，而肯尼迪的深色西服却在光线反差中显得十分欢快而充满活力。

在1960年11月8日举行的大选中，肯尼迪以极其微弱的优势战胜了尼克松。当天夜里，根据已经统计出的选票，肯尼迪知道自己已经获得了胜利，但他却拒绝宣布获胜。直到第二天中午所有选票统计结束，尼克松的新闻秘书发表了承认败选的声明后，肯尼迪才以当选总统的身份与媒体见面。由此可见，肯尼迪此时已经成长为一名成熟的政治家。

肯尼迪之所以能够获胜有诸多原因，其中除他原生家庭对他的深刻影响之外，还有一个主要的原因是，大选之年美国出现的经济萎缩和民众对美国失去应对苏联威胁能力的担忧。他的政敌，后来的竞选搭档林登·约翰逊，赢得了南方七个州（亚拉巴马州、阿肯色州、佐治亚州、路易斯安那州、北卡罗来纳州、南卡罗来纳州、得克萨斯州）的支持，也为肯尼迪胜选提供了帮助。民主党内部的团结一致，黑人选民的大力支持，少数族裔选民的支持，特别是天主教徒的支持，都对他的胜选提供了帮助。1961 年 1 月 20 日，肯尼迪正式宣誓就任美国第 35 任总统，而他的就职演说引起了国际社会极大关注。肯尼迪的就职演说与富兰克林·德拉诺·罗斯福的第一次就职演说被并称为 20 世纪最令人难忘的两次美国总统就职演说。

肯尼迪的高明之处在于，他没有在演说中指责当前政策，也没有重复有关冷战的陈词滥调，甚至没有论述一些有可能加剧美苏紧张关系的问题。在许多人看来，他的就职演说激起了和平的希望。

在演说中他呼吁，全人类团结起来，共同反对专制、贫困、疾病和战争。同时他说，“我们将付出所有代价、担负所有责任、面对所有艰难、支持所有朋友，对抗所有敌人，让每一个无论对我们抱着善意还是敌意的国家来确保自由的生存与成功。在漫长的世界历史中，只有少数世代有幸担负起在最危急关头时捍卫自由的使命。我对这样的责任毫无畏惧，当仁不让。我们所付出的精力、信仰和忠诚将照亮我们的国家及为国效劳的民众，而它所发出的光芒也能真正照亮全世界。”

他在演说中提到的“不要问你的国家能为你做些什么，而要问一下你能为你的国家做些什么”（Ask not what your country can do for you，ask what you can do for your country）更是成为美国脍炙人口的名言。虽然这句话与美国的自由精神相悖，但在发表就职演说之后，四分之三的美国民众认可了这位总统。

肯尼迪的内阁十分年轻化，重要成员的平均年龄不足50岁，而且他的内阁没有浓厚的党派色彩，每一名成员都受过高等教育。担任财政部长的道格拉斯·狄龙和国防部长的罗伯特·麦克纳马拉都是共和党人。肯尼迪还根据老肯尼迪的要求，任命了自己的弟弟罗伯特·肯尼迪为司法部长。

当然，这位年轻的总统同样面临着巨大的国内压力，种族歧视造成的动荡是肯尼迪要面对的最大国内问题。虽然美国联邦最高法院已于1954年在布朗诉托皮卡教育局案中规定，在公立学校实行种族隔离制度是违背宪法的，但当时很多学校并没有执行最高法院的相关判决，种族隔离在很多公共场所仍在继续着。

1963年11月6日，亚拉巴马州州长乔治·华莱士（George Wallace）堵住了亚拉巴马大学教室的门，以阻止两个非洲裔学生薇薇安·马龙·琼斯（Vivian Malone Jones）和詹姆斯·霍德（James Hood）上课。于是肯尼迪总统派出400多名法警、3000多名士兵，对此进行了干预。

然而自称为“人权卫士”的肯尼迪，对个体自由的侵犯比起他的前任却是有过之而无不及。例如，肯尼迪同意让联邦调查局对一些人实行窃听，其中包括马丁·路德·金。

五、肯尼迪的胆小鬼游戏

或许正是肯尼迪身上的DRD47R基因，使他更愿意冒险。当年举世闻名的“猪湾事件”和古巴导弹危机，就是这样发生的。

“猪湾事件”发生在1961年4月17日。这次在中央情报局支援下的行动，由1500名来自美国训练营的古巴反动军“2506突击旅”，带着推翻菲德尔·卡斯特罗的梦想，返回古巴。但令人不可思议的是，这支队伍是在肯尼迪命令美国空军不对其进行支援的情况下登陆的，在登陆仅仅三天后，这支队伍就被古巴政府彻底消灭了。

“猪湾事件”发生后仅一年，古巴导弹危机又一次将全世界推到了第三次世界大战的边缘。

1962 年 10 月 14 日，美军 U–2 间谍侦察机在例行侦察时，拍到了苏联正在古巴建设中的程导弹发射井，这张照片于 1962 年 10 月 16 日提交给肯尼迪，照片清楚地表明美国将陷于严峻的核威胁中。对此，肯尼迪陷于进退两难之中，因为如果美国攻击导弹发射井，就可能会直接引发与苏联的核战争；但是如果美国不采取任何行动，则会一直受到近距离的核威胁。而且由于距离太近，如果苏联在毫无预警的情况下发射核弹，美国就会在还未还击之前被毁灭。所幸一周以后，苏联率先退却，这才使美苏两国达成了一个长期的协议，即苏联同意在联合国的监督下撤出导弹，而美国保证永远不会攻击古巴，并移除美国在土耳其境内的导弹发射井。

出于必胜的信念，肯尼迪一直希望美国在与苏联的太空竞赛中保持绝对优势。为此，肯尼迪分别在 1961 年 6 月和 1963 年秋两度与苏联领导人赫鲁晓夫商讨在太空方面进行合作。而此时苏联对太空的探索已遥遥领先于美国。

为了赶超苏联，肯尼迪在 1961 年 5 月 25 日的国会讲话中说：“首先，我深信我们的国家将在这个十年结束前完成一个目标，即让宇航员登陆月球并安全返回。没有任何单一的航天计划会比这个更能使人类振奋的，也没有任何计划比对远程宇宙探索更重要，也没有任何计划像登月一样昂贵且充满挑战。”“没有一个期望成为其他国家领跑者的国家，会在太空竞赛上甘于落后。我们现在选择登月或做任何别的事情不是因为他们容易，而是因为他们充满挑战。”

为了这个太空项目，美国国会批准拨款 250 亿美元给阿波罗计划，正是这个航天计划，使美国人在 1969 年 7 月 20 日率先登上了月球。

六、无人知晓的真相

1963 年 11 月 21 日，肯尼迪飞往得克萨斯州发表了几场政治演说。第二天，当他的车缓缓驶过达拉斯欢呼的人群时，枪声响起。肯尼迪受了重伤，在送往医院后不治身亡。枪击发生后的几个小时内，警方逮捕了李·哈维·奥斯瓦尔德，并指控他谋杀。11 月 24 日，另一名男子杰克·鲁比 (Jack Ruby) 开枪打死了奥斯瓦尔德，从而使得唯一一个可以提供更多关于这一悲剧事件信息的人噤声。林登·约翰逊宣誓就任总统之后，下令组成了以最高法院院长沃伦为首的调查组，但一年后调查组提交的报告（即著名的《沃伦报告》）却认为，整个事件是李·奥斯瓦尔德一人所为。在阴谋论者看来，古巴政府、美国中央情报局，甚至副总统约翰逊都是主要怀疑对象，但由于《沃伦报告》的保密期要到 2047 年才能解密，所以在此之前，世人难以知晓真相。

在贝蒂斯的海军医院进行尸检后，肯尼迪的遗体被送回了白宫东大厅。遇刺后的星期日，覆盖着美国国旗的灵柩被运送到国会大厦供公众哀悼。从早到晚，数以万计的民众前来悼念。11 月 25 日，恰逢肯尼迪儿子小约翰·肯尼迪的三岁生日，包括苏联在内的 90 多个国家的代表出席了葬礼。送葬队伍包括八位国家元首、十位总理和一大批政要。当天，超过 25 万民众在美国国会大厦圆形大厅向肯尼迪致以最后的敬意。上午 11 点，覆盖着星条旗的灵柩被安放在由四匹马拉着的灵车中，依次前往白宫、圣马修大教堂，最后抵达阿灵顿国家公墓，被安葬在一个特制的地下墓穴中。全世界有超过五亿人通过电视直播观看了葬礼。

肯尼迪遇刺后，美国人以他的名字命名了许多地方：1963 年 12 月 24 日，纽约艾德维尔德国际机场（New York Idlewild International Airport）正式更名为约翰·肯尼迪国际机场；1964 年 10 月 22 日，美国国防部将一艘投入使用的航空母舰命名为约翰·肯尼迪号（USS John F. Kennedy）；1964 年，一所成人教育高等学校在加利福尼亚州开设，并命名为约翰·肯尼迪大学（John F. Kennedy University）；当时华盛顿特区仍在建设中的国家文化中心也更名为约翰·肯尼迪艺术中心（John F. Kennedy Center for the Performing Arts）；位于佛罗里达州东海岸的卡纳维拉尔角于 1963 年年底更名为肯尼迪角（Cape Kennedy）；1963 年 11 月，位于卡纳维拉尔角的发射运营中心（Launch Operations Center）更名为约翰·肯尼迪航天中心。

当年，美国财政部发行了 5000 万枚印有肯尼迪头像的 50 美分硬币；加拿大将一座新发现的山命名为肯尼迪山（Mount Kennedy）；英国在签署《大宪章》的伦尼米德（Runnymede）留出了大约 1.2 公顷具有历史意义的草地，用作肯尼迪祭坛。美国一些地方还通过更改地名来纪念肯尼迪总统，于是美国各地又涌现出许多“肯尼迪高速公路”“肯尼迪机场”“肯尼迪高中”“肯尼迪大道”。

肯尼迪是美国历史上支持率最高的总统之一。在 1975 年进行的一次关于总统排名的盖洛普民意测验（Gallup poll）中，肯尼迪排在首位，为 52%，林肯和罗斯福位居其后。在 1985 年的此项调查中，肯尼迪仍然排名第一位，支持率高达 56%。在“盖洛普 20 世纪最令人敬佩的人物”中，约翰·肯尼迪排名第三，仅次于小马丁·路德·金和特里萨修女。1999 年 2 月总统日公布的一项民意调查显示，林肯被认为是美国最伟大的总统，并列第二的是华盛顿、肯尼迪、里根和克林顿。

肯尼迪是一名自由主义者，他精力充沛，但行动方向模糊不清。显而易见，受原生家庭影响，肯尼迪更像是一台开足马力、争取胜利的机器，无论这种胜利的目标是什么、代价有多高，他都勇往直前。肯尼迪誓死获胜的动力和对于战斗的渴望，为他赢得了志同道合的政治人物的尊敬。

第五章　尼克松总统无底线的代价

尼克松当选美国总统之前，曾担任过八年的副总统。之所以默默无闻，是因为美国社会长期对副总统的关注很少，副总统在某种程度上只是一个“备胎”。只有在总统死亡或不能履职时，他才是总统职位的第一法定继承人。二战之后，只有三位副总统在总统发生意外时继承了总统职位，其中两位是在总统意外死亡后继承的，只有尼克松政府的副总统福特是在尼克松无法合法履行职务后继承的。

一、一切都源于历史

尼克松早年的生活经历塑造了他的性格和世界观。在尼克松的原生家庭里，家庭成员之间的关系一直极度紧张，尼克松这个小男孩不得不小心翼翼地活着，因为他们家里每天都有剧烈的冲突，所以尼克松终其一生内心中都感到极度的不安全。尼克松个性中的孤独和逃避，都与他的父亲弗兰克的心理有着密切的关系。所以，摆脱一切束缚是尼克松一生都梦寐以求的。

门不当户不对，是很多家庭悲剧的根源。尼克松的母亲汉娜·米尔豪斯（Hannah Milhous）嫁给尼克松父亲弗兰克·尼克松（Frank Nixon）时，曾在当地引起了人们长时间的非议。因为汉娜一家在当地是名门望族，这个家族很富有，全家住在一栋温馨的二层小楼里，四周还有尖木桩栅栏。据汉娜回忆，她的父母“富有爱心，信仰虔诚，积极乐观”。她的父亲喜欢唱歌；在她结婚那天，他身着正装、头戴高礼帽，但穿了一双浅色的鹿皮鞋。她的母亲阿尔迈拉（Almira）则喜欢户外活动和家庭聚会。她的外祖母是一位仪态高雅的女性。然而，汉娜在她 23 岁时，嫁给了一名完全配不上自己的公交车司机。

这个名叫弗兰克·尼克松的公交车司机曾经在俄亥俄州的哥伦布市生活过，后来才迁居到南加利福尼亚。他只上过小学六年级，脾气非常暴躁，是一个大嗓门、爱辩论、刚愎自用的人。1908 年他与汉娜结婚，五年之后生下尼克松时，始终一贫如洗。他当过木匠，种过水果，但无论做什么，都一事无成。

尼克松于 1913 年 1 月出生，出生时个头非常大，有 11 磅重。“嗓音清晰”，“洪亮、清脆”。尼克松的母亲生他时非常艰难，为了纪念这一刻，他母亲以自己的名字给他起了名。

理查德·尼克松带有明显的“米尔豪斯家族印记”：“突出的下颚、浓重的眉毛、面颊的轮廓和上翘的鼻子”。在尼克松两岁时，弗兰克和汉娜又生了一个儿子。尼克松三岁时，有一次母亲与邻居家一个姑娘一起坐火车回家，用婴儿车推着他，突然他掉出车外碰到车轮上，头顶上划出一条又长又深的口子，差点要了小命。伤口愈合之后，尼克松的头上便留下了一道难看的疤痕。

此次受伤后的第二年，他又差一点死于肺炎。上高中时，尼克松又得了严重的波状热，体温在40℃上下徘徊了一个星期。但对尼克松的心理造成更大负面影响的是他十几岁时两个兄弟的意外死亡。

1968年他在回忆这些事情时说，哈罗德是我父母最喜欢的那种孩子，可他染上了肺结核。为此，我母亲把哈罗德带到亚利桑那州，寸步不离地在病房里照料了他两年时间。她把哈罗德留在病房里，自己靠为医院职工做饭、擦洗物品维持生计，我父亲为了支付医疗费，变卖掉仅有的半英亩土地。两年后，哈罗德回到家里，病虽没有痊愈，但他看上去似乎在好转。有一天，他让我带他到城里去，为母亲买一件礼物。来到城里后，他为母亲买了搅拌机，接着我又把他带回家。但就在我回到学校15分钟后，一位老师叫我回家，因为哈罗德刚刚死了。

就在这时候，弗兰克和汉娜的第四个孩子阿瑟（Arthur）也生病了。尼克松17岁时曾写过一篇散文，他是这样回忆阿瑟的：他那“无与伦比的漂亮的双眼，似乎闪烁着若隐若现的火花，召唤着我们踏上某种秘密的旅程，引领着我们通向虚幻之地。”由于阿瑟染上了结核性脑膜炎，所以身体每况愈下。有一天深夜，尼克松正在姨妈家里时被叫回家，“父亲开门时，眼里含着泪花。不用他开口，尼克松就知道发生了什么”。在死亡的前两天，阿瑟还与母亲汉娜一同祈祷：“上帝啊，如果我在醒来之前死去，祈求您把我的灵魂带走。”尼克松说，当我感到疲倦或者焦虑的时候，当我几乎要放弃应该坚持的生活方式的时候，我会抬起头来，凝视着照片上那个眼睛清澈、头发卷曲的小男孩。除了阿瑟和哈罗德·爱德华之外，尼克松还有一个弟弟唐纳德（Donald），但尼克松和唐纳德小时候就经常闹矛盾，长大之后关系也不亲密。即便后来尼克松当上副总统，弟弟唐纳德家里也没有贴过他的照片。

由于尼克松的一个哥哥和一个弟弟先后病逝，而另一个弟弟唐纳德一生又对他冷若冰霜，所以尼克松从未在家庭中感受过兄弟间的温情。

贫穷是尼克松一家的梦魇。1922 年尼克松九岁时，弗兰克和汉娜省吃俭用才攒下一笔钱，在东惠蒂尔（East Whittier）一个废弃的公谊会集会场所开了一个小杂货店和一个加油站。此后，弗兰克和汉娜一直住在这个萧条的农村社区里经营杂货店和加油站，日子过得非常艰辛。尼克松后来回忆说："生活太艰难了。母亲天不亮就要起床，做好馅饼拿到店里卖。"她每天要忙碌 16 个小时，早晨要做出 50 个馅饼，还得打理各种事务，从记账到与客户打交道，无所不包。"劳作始终是她生存的第一要务。"

在此期间，尼克松的父亲弗兰克脾气越来越暴躁，越来越难以相处。后来，他患上了出血性溃疡，耳朵也聋了。他们一家人的生存实际上依赖于顾客的善意和支持，但弗兰克的暴躁脾气却屡屡让顾客敬而远之。"他从不控制自己的情绪"，"时而垂头丧气，时而蛮不讲理"。惠蒂尔的传教士对弗兰克的评价更加直率：弗兰克"生性粗鲁，嗓门大，固执己见，意志坚强，感情用事，缺乏耐心"，他动不动就打孩子们的屁股。弗兰克的孩子们也躲着他，因为他太苛刻了。据尼克松的母亲汉娜回忆说，弗兰克很多时候是一个刻薄的好斗之徒，会出人意料地攻击他人。"当孩子们做了错事时，弗兰克会不由分说地用皮带和棍棒揍他们。"

由于弗兰克个性太强，维持生存的重担便落在了尼克松母亲汉娜的肩上。在汉娜看来，艰辛、不幸都是上帝的安排。按尼克松的话说："她总是尽量不让我们知道家里那一大堆烦人的问题，例如，紧巴巴的生活开支。总而言之，我的母亲是一个灵魂被压抑的人。”

尼克松自己的童年经历使他清醒地意识到，生活是痛苦的、艰难的，而且是不确定的，所以他懂得要通过超乎常人的努力奋斗才会让生活有所改变。十几岁的时候，他便到一个打包作坊干手工活，并负责打扫卫生，在那里，“打包机的旋转、搅拌和敲打让他呕吐”，没完没了地拣豆子，使他一生都拒绝再吃这种东西。由于他的哥哥和弟弟都不幸离世，而父亲总是大发雷霆，因此他长期感到压抑和焦虑。尼克松终其一生都一直有强烈的被剥夺感。

很早的时候，尼克松就已梦想外出闯荡。“我小时候的第一个梦想是当一名铁路工程师，这不是因为我对发动机有什么兴趣，而是因为我想坐火车去旅行，去见识美国和外部世界。”他与铁路的联系不止于此，因为他的父亲曾当过电车司机，所以，他想用这种方式超越他。他的这一梦想或许还与社会地位和经济收入有关。镇上最富有的人是一名铁路工程师，他负责从洛杉矶到尼德尔斯（Needles）的圣达菲火车（SantaFe train）。尼克松在1968年接受总统候选人提名时，承认自己接受的第一条理由是因为他想坐火车去旅行。

在很长一段时间里，尼克松对政治和政客的印象是从父亲弗兰克义愤填膺的言语中获取的。弗兰克出生于一个民主党人家庭，但是有一次当麦金莱总统访问俄亥俄州，让他骑着马跟在总统的马车后面一起游行，并亲自鼓励他为“大老党”（即共和党）工作时，他就转而投入到共和党旗下。“这完全出人意料，他还没有来得及思考，就宣誓了对共和党的支持。从那以后，他就一直是一名共和党积极分子。”在尼克松的记忆中，他们家族中没有“比县法院的法警更大的官了”。但弗兰克却没完没了地谈论政治。尽管弗兰克热衷于谈论政治话题，但尼克松一家既没有积极地参与政治，也没有强烈的党派信仰。尼克松直到25岁才第一次登记投票。1946年被提名为共和党候选人时，他说觉得自己应该是共和党人，因为 1944 年他把选票投给了杜威。

尼克松回忆说：“直到我上大学的时候，政治斗争对我也没有吸引力。”他的夫人也回忆说：“一开始，我们没有谈论过任何政治话题”，“当竞选国会议员的机会到来时，我完全没有把它当回事，我觉得一个男人必须首先确定自己想干什么，在他确定奋斗目标之后，我唯一能做的就是协助他。但是，如果让我选择的话，我不会选择这样的生活。”尼克松曾公开说：“我母亲作为一位虔诚的公谊会信徒，最不希望我做的事就是卷入政治斗争。”但不知道为什么，他的床上方贴着一张外祖母送给他的林肯画像，画像下方是他外祖母亲笔书写的刻画英雄和远行的诗句：伟人的经历经常给我们启示，我们的人生同样可以辉煌，上路吧，留下两行足迹，在身后的岁月沙滩上。那些足迹，也许是他人留下，航行在人生之路上，顶风冒雨，一位孤单的兄弟人困马乏，眼见如此足迹，或能再鼓勇气。[①] 那时政治对尼克松来说只是一个抽象的概念，是一种存在于谈话和阅读中的现象。

从行为心理学的角度来看，消极接受是在压力下防止崩溃的一种防御手段。无论是作为一个男孩，还是作为一位总统，尼克松从来没有成为任何意识形态的囚徒。他在原则问题上的灵活性是广为人诟病的，或许从结果来看，并不那么糟，因为尼克松以和平方式处理国际事务，对不幸的人给予仁慈的关爱，摒弃种族和宗教偏见，都收到了显著的效果。

他在大学生辩论会上的表现充分证明了这一点，因为他既能参加正方的辩论，也能站在反方的立场上，这就是尼克松在大学时的辩论风格，可以就任何问题的正方或反方进行辩论。他进行辩论不是为了澄清事实，而是说服对事实真相漠不关心的裁判，这一风格一直伴随着尼克松一生。

---

① Bela Kornitzer, *The Real Nixon: An Intimate Biography*, Chicago: Rand McNally, 1960, p. 41.

在惠蒂尔神学院时，尼克松还成了一名戏剧表演者。在校园中的成功为他带来了很多的收获，他经常被选为班干部，虽然他所在的班级只有17名学生。

在杜克大学上学时，他的个人风格已经初现端倪，并且开始表现出一种伴随他一生的倾向：通过有意识的思维过程控制自己的反应。这一特点为尼克松赢得了尊重，但却没有多少人喜欢他，他也没有亲密的朋友。其实，从行为心理学的角度上看，尼克松是一个具有双重人格的人，既极富攻击性，又极度孤独。

1937年从杜克大学毕业之后，尼克松本来希望能到纽约的大型律师事务所工作，但他没有被录用。最后，在他母亲汉娜的帮助下，尼克松接手了老家惠蒂尔的日常法律业务，主要是离婚、产权调查等案件。在此期间，他成了惠蒂尔神学院的董事，并与当地一群风险投资者一起筹资一万美元，组建了生产冰镇橙汁的“锡特拉－弗罗斯特公司”（Citra-Frost Company）。据尼克松在律师事务所的同事回忆：“他全身心地投入到这项事业中”，下班后就直奔工厂，压榨橙汁并装入塑料袋。但这家公司只维持了一年半时间。1938年他在这里遇到了他后来的妻子帕特，帕特在这里的一所学校教书，两人于1940年正式结婚。

珍珠港事件爆发后不久，尼克松来到首都华盛顿，在国家物价管理局（OPA）的轮胎配给司工作。1942年8月，他辞掉这一职位，到海军部队服兵役，成为一名海军中尉。尼克松的母亲汉娜是一位和平主义者，不希望尼克松去参军，但汉娜并没有阻止尼克松。作为南太平洋上的一名后勤军官，尼克松负责管理“尼克松汉堡包供应站”（Nixon's Hamburger Stand）。在整个战争期间，他的工作并没有危险，更加幸运的是，退役时尼克松已经升任海军少校。

二战结束后，尼克松的海军生涯结束了。如果他选择回到家乡，一切还是原来的样子。所以对于尼克松来说，首要的问题是：他该何去何从？战争结束之后，如果他继续留在海军，晋升的机会会很渺茫。

为此，尼克松特地来到旧金山，与他认识的一位联邦调查局官员鲍勃·金（Bob King）见了一面。金夫妇后来回忆说，他们“没有过多地谈论他在太平洋上的服役经历，而是主要谈论美国和世界的未来。他似乎在梦想一种将使战争变得不可能的新秩序。那些天他给我们留下的印象是，一个理想主义的梦想家。”

就在这时，在南加利福尼亚，一群不满现状的共和党保守主义者正在物色一位候选人，与在任联邦众议员杰里·沃里斯（Jerry Voorhis）竞选联邦众议员。沃里斯看上去似乎是不可战胜的，他于1944年以巨大的优势第五次当选众议员，是一名能干的、自由主义的民主党人，在华盛顿享有崇高的声望。但是保守的加利福尼亚企业家们认为，只要共和党不再提名“无能之辈”，推选出一位有能力的候选人，击败沃里斯还是可能的。在考虑尼克松之前，他们已经拒绝了八位候选人。1945年11月，一名共和党企业家给当时正在巴尔的摩等候海军退伍通知的尼克松打电话，开门见山地问他是否愿意考虑竞选联邦众议员，与人气极旺的沃里斯进行竞争。尼克松感到非常意外，不过还是立即表示愿意参加竞选，当时他32岁。于是，他立即带着一沓穿海军少校制服的照片，前往加利福尼亚与竞选委员会成员会面，并重点阐述了他反对罗斯福新政管制政策的理由，以及对退伍军人安置问题的看法。他承诺以务实的自由主义纲领发起一场进攻性竞选运动。1945年12月4日，尼克松接受了竞选提名，并写道：我将去会见乔·马丁（Joe Martin）和约翰·菲利普斯（John Phillips），想方设法掌握关于沃里斯先生经历的信息，必须撕破他的保守主义面具。我将把主要精力投入到发表一系列正面的、进步的演说上。我对本协议感到欢欣鼓舞，我相信我们能取得胜利。

“我为什么要接受这一提名呢？”他后来自问自答道，“我是一名悲观主义者。但是如果我觉得有获胜的机会，我将为之奋斗。”之后，尼克松顺利地通过了党内初选。他在给党主席写信时说：“我们需要的是一场全面的胜利，我们将在 11 月份获得。”尼克松猛烈抨击“口惠而实不至的美国人”，那些“有意无意地袒护反美分子的人”，呼吁公众不要被沃里斯的保守主义口吻所“愚弄”。尼克松信誓旦旦地表示：“我要以我的兄弟和你们的爱人的名义，誓死捍卫我们的神圣遗产，告慰为了弘扬这些遗产而死去的亲人。”

尼克松与沃里斯一共举行了五场辩论会，第一场辩论会就出现了戏剧性的高潮。除了默里·乔蒂纳（Murray Chotinier）之外，尼克松的所有顾问都反对他参加辩论，但尼克松却坚持要参加辩论。他后来说：“那场辩论很艰苦。我是挑战者，他是经验丰富的现任议员。当那场辩论结束时，我已经向最后的胜利挺进了。”为此，尼克松制作了一份小广告，其内容是：“把选票投给尼克松，就是反对由左翼分子控制的、掌握着巨额肮脏资金的政治行动委员会。”沃里斯拍着胸脯表示，他既不寻求，也没有获得过政治行动委员会本地分会的资助。这时尼克松突然从口袋里抽出一份文件，当众宣读了政治行动委员会洛杉矶分会建议总部支持沃里斯的报告，尼克松还念出了一连串官员的名字，他们既是该委员会全国总部的官员，又在本地的分会任职。念完之后他把这份文件甩给了沃里斯。①

最后，尼克松获得的选票比对手多出 1.5 万多张。后来他在他的《六场危机》（*Six Crises*）一书中阐述了那场竞选对他的意义：在迄今为止的人生旅途中，我经历过各种在当时看来都生死攸关的危机。但从结果来看，这些危机基本上都只与我个人有关，只有当我 1946 年竞选国会众议员时，危机的重要性才大面积地扩展开来。选举结果自然会对我本人产生重大影响，如果我失败了，

① Earl Mazoand Stephen Hess, *Nixon: A Political Portrait*, New York: Popular Library, 1968, p. 39.

家人和亲朋好友将与我一起垂头丧气。但是这场选战还使我认识到，我还必须付出更多的努力，责无旁贷地担当起提名我参选的组织，也就是共和党代言人的角色；我更要流完最后一滴汗水，兢兢业业地满足成千上万的人对我的期待，他们与我素不相识，既有共和党人也有民主党人，但都在为我的竞选出力，并且把选票投给了我。①

与沃里斯参加辩论的关键决定是由他本人突然作出的，这大大增强了他的自信心。当然，他此前做了充分的准备工作，对沃里斯的履历进行了深入的研究及精心的计算。他独自制订计划，亲自贯彻执行，他认为这次胜利是一个“巨大的成就”，是“三个因素作用的结果，即高强度地战斗，做好准备工作，与比我著名的对手进行辩论”。他又一次来到华盛顿时，仍然带着一种“失落感”。直到 1946 年，他还没有确定自己的政治目标，但找到了一条令他母亲十分厌恶的“政治斗争”方式，用语言开辟前进的道路。尼克松在国会里重复了这一模式，在他到来不久就爆发的希斯案（The Hiss Case）中，尼克松在进行了详细的调查之后，对希斯发出了咄咄逼人的尖锐提问。

此后，尼克松在众议院大力支持俄亥俄州联邦参议员罗伯特·塔夫脱的各项提案和马歇尔计划，1948 年尼克松在选举中轻松连任。

1949 年，尼克松开始筹备竞选加利福尼亚州联邦参议员，他计划击败民主党籍联邦参议员谢尔登·唐尼以跻身参议院。在民主党人道格拉斯同样宣布竞选后，唐尼宣布退出，而尼克松最终在 1950 年的中期选举中，以高票击败道格拉斯，当选美国国会参议员。

从 1951 年开始，美国总统杜鲁门的地位开始摇摇欲坠。麦卡锡主义泛滥、朝鲜战争，特别是解除麦克阿瑟的职务和 1951 年钢铁工人大罢工，一次又一

① Richard M. Nixon, *Six Crises*, New York: Pyramid Books, 1968, p. 13.

次带给他沉重的打击。1952 年 3 月，杜鲁门正式宣布不再竞选连任，尽管他仍然可以参选。与此同时，从 1951 年开始，越来越多的人呼吁北约武装部队最高司令艾森豪威尔参选。1952 年 3 月，在得知杜鲁门已经决意不参选后，在新罕布什尔州州长舍曼·亚当斯的帮助下，艾森豪威尔宣布参选。尽管此时要求罗伯特·阿尔方索·塔夫脱作为总统候选人的呼声也很高，但民意测验显示，很多人希望未来的共和党候选人是一位中间派，所以在共和党全国代表大会中，艾森豪威尔以 595 票击败了罗伯特·塔夫脱的 500 票，顺利获得提名。

由于艾森豪威尔是一位军人，所以他的竞选搭档便十分重要。在前两次总统选举的共和党候选人杜威的建议下，艾森豪挑选了尼克松作为副总统候选人。

到了 9 月，开始有媒体大肆渲染尼克松有所谓的富豪基金会为其提供政治募捐，于是共和党高层建议尼克松亲自上电视解释。9 月 23 日，尼克松即将举行演讲时，突然接到了杜威的电话。杜威说艾森豪威尔的幕僚要求尼克松辞职，愤怒的尼克松挂断了电话，随即上台开始直播演讲。他在演讲中公布了自己微薄的财产，表示到目前为止收到的唯一礼物是别人寄给他女儿的一条狗，名叫跳棋。尼克松表示，无论如何他都将继续收养它，所以这篇演讲被称为跳棋演讲。这篇演讲吸引了大约 6000 万美国人观看，也使得艾森豪威尔放弃了撤换尼克松的想法，并和他一起投入竞选。

在 1952 年 11 月 4 日的美国总统大选中，艾森豪威尔和尼克松以 3400 万张普选票和 442 张选举人票击败作为民主党候选人的伊利诺伊州州长阿德莱·史蒂文森和亚拉巴马州联邦参议员约翰·斯帕克曼。1953 年 1 月 20 日，艾森豪威尔和尼克松分别就任美国总统和副总统。

二、真实的尼克松

尼克松是一个工作狂。在1972年之前，无论白天还是黑夜，无论在家里还是外出，尼克松都在不知疲倦地工作，尤其是在担任总统期间，几乎所有的时间都在忙公务。他甚至表示："只要身体状况允许，我将每天工作16—18个小时。"①他是一个连轴转的人，马不停蹄地飞往戴维营、比斯坎（Key Biscayne）或圣克莱蒙特（San Clement），所以这些地方的特勤保镖被他折磨得苦不堪言。到1973年11月底，尼克松在总统第二任期里的44个周末中只有四个是在白宫里度过的，在他下台前的六个星期中，他待在白宫的时间只有六天。②

不断地抱怨是尼克松一生最失败的特点。就连在他向公众公布的白宫录音带中，他都在没完没了地抱怨："这该死的案子！""我昨天熬夜熬得太晚了。"③他对来访的众议员说，我经历了"七个月地狱般的生活"④。在各种场合中，他一次又一次谈到他那苦不堪言的生活。他说他想知道真相，"即使它会伤害我"，而且，他"为了查明这个案件的事实，已经累得腰酸背痛了"。

其实，抱怨已将他隐藏在强硬面具后面的恐惧暴露无遗。"水门事件"发生后，他开始酗酒，终日寝食不安，经常怒发冲冠。⑤白宫工作人员说，他已是一个哭哭啼啼、癫癫狂狂和丧失理智的人。

但尼克松本人却对自己的重要性夸大其词。随着水门危机不断加深，他

---

① Elizabeth Drew, *Washington Journal: The Events of 1973-1974*, New York: Vintage Books, 1976, p. 108.

② Theodore H. White, *Breach of Faith: The Fall of Richard Nixon*, New York: Atheneum Publishers, Readers Digest Press, 1975, p. 292; Elizabeth Drew, *Washington Journal: The Events of 1973-1974*, New York: Vintage Books. 1976, p. 138.

③ Richard Nixon, *Submission of Recorded Presidential Conversations to the Committee on the Judiciary of the House of Representa139tives*, Washington D. C. : Government Printing Office, 1974, p. 580, 696, 836.

④ J.AnthonyLukas, *Nightmare: The Underside of the Nixon Years*, New York: Viking Press, 1976, p. 450.

⑤ Bob Woodward and Carl Bemstein, *The Final Days*, New York: Simonand Schuster, 1976, p. 405.

对自己的朋友拉比·科夫（Rabbi Korff）说，如果他辞职了，外交工作可能会“遭到不可挽回的损害”[①]。

尼克松是一个面具人。他承认：“自我是我们人人皆有的东西，你要么超越它，要么被它控制，我已经超越了它。实事求是地说，它是自卑情结的一种补偿。”尼克松在拒绝接受众议院司法委员会传讯时，发表了1974年司法日（Law Day）宣言：“法律之所以能够保持其价值和威力，是因为男女老少都知道，没有人可以凌驾于法律的要求之上。”[②]这是明显的谎言，但尼克松丝毫没有内疚。

尼克松的行为模式是“我必须按照自己的方式做”[③]。“水门事件”之所以发生，根源于尼克松自卑的心理，即除非在他的控制下，否则任何事情都将一塌糊涂。这种恐惧心理，让他坚持做自己必须做的事情。1973年尼克松说：“在此关键时刻，最重要的是我们的办事能力，这种办事能力使我们可以控制事态的发展，而不是被它击垮和左右。”[④]他在“水门事件”中的语言令人觉得不可思议，他说：“我们必须渡过难关。”“我必须摆脱困境，而且必须在今天摆脱！白宫必须采取行动，我们必须以某种方式抢先脱困。”[⑤]尼克松从来不根据外在的道德伦理准则甚至策略标准判断“方式”的正确性。对他来说，最重要的是事情必须按照自己的方式来做。

在“水门事件”期间，尼克松有明显的宿命论倾向，他比以往更加频繁地谈论“历史”。“美国又一次信心十足、目标明确地活跃在世界舞台上。

---

① Bob Woodward and Carl Bemstein, *The Final Days,* New York: Simonand Schuster, 1976, p. 297, pp. 352-353.

② J.Anthony Lukas, *Nightmare: The Underside of the Nixon Years*, New York: Viking Press, 1976, p. 493.

③ William Safire, *Beforethe Fall: An Inside View of the Pre-Watergate White House*, Garden City, N. Y. : Doubleday& Company, Inc., p. 534.

④ Elizabeth Drew, *Washington Journal: The Events of 1973-1974*, New York: Vintage Books, 1976, p. 49.

⑤ Richard M. Nixon, *Six Crises*, New York: Pyramid Books, 1968, p. 711; J. Anthony Lukas, *Nightmare: The Underside of the Nixon Years*, New York: Viking Press, 1976, p. 326.

我们知道我们正在走向何方。我们与历史同行，我们也在推动历史。”[①] 但他又自相矛盾地说：“在白宫的日常生活中，历史进程看来几乎可能发生任何变化。”而真相是“尼克松录音带”是他亲手剪辑的，为的是尽可能地展现他坦荡的一面。但公布后传递给美国公众的信息恰恰相反：在白宫，所有人都惊恐万状地发现自己被尼克松出卖了。

在尼克松的公开讲话中，“对无能为力的恐惧”是一个反复出现的主题，正如他对于“束缚总统的手脚”或者“斩断总统的臂膀”的行为忧心忡忡，正如他对于美国可能会成为一个“可怜的、无人帮助的巨人”而焦虑不安。

鉴于他对权力无常的担忧和担心丧失权力的恐惧，尼克松宠信的都是查尔斯·科尔森（Charles Colson）那样的人。科尔森是一个善于曲意逢迎的人，无论尼克松让他做什么，他都唯命是从。“如果你必须要做的话，我可以把白宫里所有的瓷器都打碎。”[②] 这才是尼克松需要的那种人。尼克松说：“科尔森啊，你让做啥，他就做啥。让他穿过这扇门，他就会破门而出。”[③] 当尼克松听到他的中央情报局局长说“任何时候我都只有一位总统，我只为您工作”，或者得知他的白宫办公厅主任通知司法部的一位副部长“你的最高首长已经下令，你别无选择”的时候，尼克松才会得到一丝安慰。[④]

当然，尼克松也曾经容忍过下属自作主张，但尼克松与林登·约翰逊一样，会在最细微之处显示他的权力。例如，有时，他会突然要求下属护送他去肯尼迪中心（Kennedy Center）听音乐会，而置因总统突然而至造成的不便和混

① Jonathan Schell, *The Times of Illusion*, New York: Alfred A. Knopf, 1976, p. 208.

② William Safire, *Before the Fall: An Inside View of the Pre-Watergate White House*, *Garden City*, N. Y. : Doubleday & Company, Inc., 1975, p. 559.

③ Charles W. Colson, *Bom Again, Old Tappan*, N. J. : Chosen Books, 1976, p. 72.

④ J. Anthony Lukas, *Nightmare: The Underside of the Nixon Years*, New York: Viking Press, 1976, pp. 85, 438.

乱于不顾。[①] 这是一位挖空心思要确信自己大权在握的总统。[②]

"这个政府里到处都是不爱国的卑鄙小人，一群意识形态的偏执狂。如果能做到的话，他们将摧毁我们的制度。他们并不真正关心美国的福祉。驱使他们做事的动力只有一个，那就是在教育、卫生、福利或者与他们有关的任何一个狭隘领域里，实现他们的极左目标。他们恨我，因为他们知道我会尽力制止他们。嗨，我不在乎他们的仇视，我想得开。我是这个国家第一个对他们构成威胁的总统，他们也心知肚明。他们怕我，因而恨我。他们应该怕我，我要把他们斩草除根。他们不效忠于我个人，我并不在乎。但是，联邦的组织机构不能不效忠于总统或者国家。我断定，他们的不忠不义相当猖獗，已经严重威胁到了我们的宪政制度，甚至已经威胁到了我们民族的生死存亡。该死的叛徒……"[③]

这是小说家在文学作品中描述的尼克松，当然也是现实中的尼克松。

尼克松一直是按照内心深处对权力的混乱认识来执政的，所以他对宪法不屑一顾。从 1969 年上任伊始，他便下令制订了处置可能发生的全民起义的应急计划。早在 1969 年 11 月，为了应对民众要求停止在越南的军事行动的游行示威而可能产生的负面影响时，尼克松就制订了极端措施。他命令华盛顿警察局与美国中央情报局建立了一个联合指挥部，在 1971 年的国际劳动节游行示威中，尼克松命令这个指挥部未经指控就逮捕并拘留了一万名市民。最后当法院介入处置这些案件时，在这一万人中只有一人被判决有罪。[④]

为了拥有绝对的权力，但又不想冒明显违宪的风险，尼克松仿照所有

---

① Charles W. Colson, *Bom Again, Old Tappan*, N. J.: Chosen Books, 1976.

② Richard M.Nixon, *Six Crises*, New York: Pyramid Books, 1968, p. 641.

③ John Ehrlichman, *The Company: A Novel*, New York: Simon&Schuster, 1979, p. 275.

④ Jonathan Schell, *The Times of Illusion*, New York: Alfred A. Knopf, 1976, p. 30, 71, pp. 150-151.

正式合法的政府机构，复制了一整套平行的机构，执行相应的政府部门的职能，而且只遵从他的意愿。[①] 从总统竞选连任委员会（Committee to Reelect the President）到白宫秘密警察分队，从内政委员会（Domestic Council）到管理和预算办公室（Office of Management and Budget），他建立了一整套可以直接控制又与正规的政府部门平行运行的组织机构。在军队他也建立了一个独立的指挥系统，负责对柬埔寨的秘密轰炸行动。[②] 尼克松还让国家税务局（Internal Revenue Service）设立了一个"行动组织委员会"（Activist Organizations Committee），直接隶属于国税局总部的"红色海豹安全小组"（Red Seal Security），负责调查"持不同政见或者本质上行为极端的组织"的税收情况。白宫一份备忘录这样记载："我们不能在法庭上以刑事手段限制某些这类团体的活动，但国税局可以通过行政手段做到这一点。"[③]1972 年 9 月，这台机器开始为尼克松的权力目标服务。约翰·迪安（John Dean）打电话给国税局局长，要求对麦戈文竞选总部的 490 名工作人员和资助者进行税收调查。当财政部长乔治·舒尔茨（George Shultz）表示关注时，尼克松私下说：他之所以能当上财政部长，不是因为长了一双美丽的蓝眼睛。如果舒尔茨不这样做，下一任财政部长的人选将不再是他。他要么马上这么做，要么就走人。[④]

尼克松还对中央情报局、国家安全局、特勤局（Secret Service）、邮政署等机构进行改组，所以他一上任便试图通过政治操作这些机构进行渗透。在尼克松看来，梵蒂冈是这么做的，黑手党是这么做的，这里也应当这么做。[⑤]

---

① Hans J. Morgenthau, "The Aborted Nixon Revolutions", in David C. Saffell, ed. *Watergate: Its Effects on the American Political System Cambridge*,Mass: Winthrop Publishers, Inc., 1974, p. 308.

② Jonathan Schell,*The Times of Illusion*,New York:Alfred A.Knopf,1976.

③ J. Anthony Lukas, *Nightmare*: *The Underside of the Nixon Years*, New York: Viking Press , 1976, p. 22.

④ 同上书 , p. 26.

⑤ Elizabeth Drew, *Washington Journal: The Events of 1973-1974*, New York: Vintage Books, 1976, p. 168.

所以尼克松授意制定了“休斯顿计划”（*Houston Plan*）。该计划以一位29岁的白宫职员的名字命名，并赋予他以私拆邮件的手段处理“国内情报和安全事务”的职责。休斯顿履行这一职责的指导思想之一就是没有指导思想。“执行这一任务面临的所有制约因素都将被清除。”[①]尽管一年之后这项计划被废止，但其中的某些做法仍继续沿用。诸如潜入丹尼尔·埃尔斯伯格（Daniel Ellsberg）的办公室、对美国新闻记者和尼克松的亲弟弟唐纳德实施窃听，以及针对尼克松那与日俱增的“敌人名单”上的美国人采取各种威胁和行动。[②]这些措施产生了非常恶劣的影响，因为它们以非法和有害的手段，造成了国家对强制力量的垄断。

尼克松还有滥用职权的行为。例如，尼克松还小心翼翼地藏匿剩余的竞选资金，为他夫人购买了一副价值4562.38美元的钻石耳环等。[③]

从破坏性而言，这些轻微罪行的确动摇不了国家基石，但从总统的视角来看，贪赃枉法则是非常危险的。

尼克松需要借助秘密运作和出其不意来体验权力。他盯着参议员休·斯科特（Hugh Scott）的眼睛说：“休，我没有任何东西需要隐瞒。白宫没有任何东西需要隐瞒。我再说一遍，我们没有任何东西需要隐瞒。你有权以我的名义发表这一声明。”他还以这样一种坦率的语气，告诉埃利奥特·理查德森（Elliot Richardson）：“我是无辜的。你必须相信，我是无辜的。”[④]尼克松一而再、再而三地向特别检察官利昂·贾沃斯基（Leon Jaworski）撒谎，而

---

① Theodore H. White, *Breach of Faith: The Fall of Richard Nixon*, New York: Atheneum Publishers, Reader's Digest Press, 1975, p. 135.

② New York Times, *The End of a Presidency*, New York: Bantam Books, 1974.

③ J. Anthony Lukas, *Nightmare: The Underside of the Nixon Years*, New York: Viking Press, 1976, p. 367.

④ Jonathan Schell, *The Times of Illusion*, New York: Alfred A. Knopf, 1976, p. 320; Bob Woodward and Carl Bernstein, *The Final Days*, New York: Simon&Schuster, 1976, p. 61.

正如尼克松所知道的，贾沃斯基也知道他在撒谎。长期以来，尼克松惯于转移公众对他斑斑劣迹的注意力，手段就是发表谴责这类丑恶行径的说教：他触犯法律时就诅咒违法犯罪行为，他欺骗别人时就谴责招摇撞骗，他教唆助手作伪证时就标榜自己的坦诚。而且他的掩饰确实奏效了，因为在这种情况下，普通民众很容易把起诉书与辩护词混为一谈。

尼克松从小就用谎言来掩饰自己内心深处的攻击欲望。一般情况下这种攻击性，都被他自我控制的习惯所掩盖。但尼克松偶尔也会原形毕露。有一次，他的手指缓缓地、一圈又一圈地抚弄着酒杯口，对基辛格说："我们总有一天要制服他们，把他们打倒在地上，趴在我们想让他们趴的地方。然后，我们再向前一步，踏上一只脚，使劲地踩。"

在总统任内的尼克松，交替使用他的权力和攻击性，体验着以非法手段控制他人带来的快感。

三、永远钉在耻辱柱上的"水门事件"

"水门事件"是美国历史上最不光彩的政治丑闻事件之一，对美国及整个国际社会都有着深远的影响。[①]

1972 年美国社会形势不错，只有尼克松忧心忡忡，他之所以感到焦虑，是因为他害怕竞选连任失败使他成为普通公民，因为他经历了太多的失败。而且哈里斯民意测验（Harris poll）的结果显示，马斯基（Muskie）与尼克松的支持率在 2 月是 43%：40%，3 月是 44%：39%，5 月为 47%：39%。[②] 看到这些数据的时候，尼克松比以往任何时候都感到惶恐不安。

水门大厦地处华盛顿特区西北区波托马克河畔，由一家五星级饭店、一

---

① Jonathan Schell, *The Times of Illusion*, New York: Alfred A. Knopf, 1976, p. 288.

② J. Anthony Lukas, *Nightmare: The Underside of the Nixon Years*, New York: Viking Press, 1976, p. 8.

座高级办公楼和两座豪华公寓楼组成。大厦正门入口处有一个人工小型瀑布飞流直下，水花飘舞飞扬，使整个建筑群有了“水门”的美称。1972 年 6 月 17 日晚上，美国民主党全国委员会总部的一位工作人员离开水门大厦后，偶然回头看了看自己的办公室，他惊异地发现，已经熄了灯的办公室里有几条光柱在晃动。同事们都已经走了，那么是谁又进了办公室，不开灯却打着手电筒到处乱照？他马上回到水门大厦，把疑点告诉了保安人员。保安人员立即搜查了有关的房间，抓到五个戴着医用外科手套、形迹可疑的男子。其中一人名字叫詹姆斯·麦科德，自称是前中央情报局雇员。其实他是尼克松总统竞选连任委员会负责安全工作的首席顾问，奉命到水门大厦民主党总部安装窃听设备。第二天，《华盛顿邮报》在头版显著位置报道了这一事件。8 月 29 日，尼克松向全国公众保证：“在我的指导下，总统顾问迪安先生已在全面调查所有线索。我可以明确地说，调查表明，白宫班子中，本届政府中，受雇人员中，没有人卷入这一荒唐事件。”正是出于对总统的信任，大选时，尼克松仍以少有的压倒性优势，击败了民主党候选人乔治·麦戈文，获得连任。正当尼克松得意忘形的时候，一封又一封匿名信寄到法院，密告“水门事件”还有隐情。于是民主党占优势的国会，决定成立一个特别调查委员会，对尼克松的竞选活动进行彻底调查。1973 年 3 月 23 日，白宫法律顾问迪安暴露了，于是尼克松决定让迪安当替罪羊。当迪安在得知他的罪行可判 40 年徒刑时，他主动向检察官作了三小时的交代和揭露，想换取赦免。为掩盖罪行，尼克松被迫再次发表声明，表示他事先不知道“水门事件”，事后也没有任何阻挠调查的行为，并为窃听活动辩护，说这些都是为了国家安全，是合法的、必要的，从罗斯福总统时开始，每一个总统都这么干。但此时“水门事件”委员会掌握了一个新的情况：尼克松从 1971 年年初起，为了记录与手下的谈话和电话内容，下令在白宫办公室里安装窃听系统。委员会要求尼克松交出有关的录音带和文件资料，尼克松以行政特权为理由拒绝交出，并上诉到上诉法院。不料，在经过三星期的讨论后，多数法官认为，总统也要受法律的约束，必须交出录音带和文件资料。于是尼克松下令免去调查“水门事件”的特别检察官考克斯的职务。为此，美国各电视网立即中断正常节目，向美国公众报告这一爆炸性新闻。公众的反应就像火山开始喷发，抗议电报像雪片一样铺天盖地，血气方刚的大学生组织了大规模的示威游行。整个美国群情激愤，在民意的推动下，众议院决定对总统进行弹劾。尼克松决心顽抗到底，他一面销毁录音带上对他不利的内容，一面继续强调行政特权，表示“将遵循从华盛顿到约翰逊历届总统所遵循与捍卫的先例，决不做任何削弱美国总统职位的事情”。尼克松的行为进一步激怒了公众，最高法院首席大法官裁决，尼克松必须交出有关的录音带。

事件发生后，尼克松一直竭力掩盖开脱，但在继续调查中发现尼克松本人涉案，从而引发了严重的宪法危机。1973 年 10 月 31 日，美国众议院决定由该院司法委员会负责调查、搜集尼克松的罪证，为弹劾他做准备。1974 年 6 月 25 日，司法委员会决定公布与弹劾尼克松有关的全部证据。7 月底，司法委员会陆续通过了三项弹劾尼克松的条款。尼克松于 8 月 8 日 11 点 35 分，致信国务卿基辛格，宣布将于次日辞职，从而成为美国历史上首位任内辞职的总统。

从 1972 年 6 月 17 日詹姆斯·麦科德等 5 人闯入位于水门大厦的民主党全国总部开始，一直到 1974 年 8 月 9 日尼克松总统辞职，《华盛顿邮报》的两位记者鲍勃·伍德沃德（Bob Woodward）和卡尔·伯恩斯坦（Carl Bernstein）对整个事件进行了一系列的跟踪报道。正是由于他们报道的内幕消息，揭露了白宫与“水门事件”之间的联系，从而最终促使了尼克松的辞职。

新任命的特别检察官在白宫被迫交出的录音带中找到了新证据。有一盘录音带上清楚地记录着“水门事件”发生后六天，尼克松指示他的助手让中央情报局阻挠联邦调查局调查“水门事件”，这是尼克松掩盖事实真相的铁证。整个白宫被惊得目瞪口呆，他们一直相信总统的清白，一直超出自己的职权范围来保护总统，而总统却从一开始就掩盖真相，并欺骗他的顾问、公众、国会甚至自己的家庭达两年之久，每个人都感到被出卖了。

根据美国法律，美国对公职人员的这种监督模式是双向的、互相的监督，监督者与被监督者之间存在一种相互制衡的监督关系，权力监督关系的各个主体之间的地位是平行并列的。基本是“职能分工，互相制衡”。在这样的权力结构中，不同职能的权力主体相互监督制约，彼此不能互相代替。同时，任何一级权力都是分立的，所以不会有一个不受监督的终极权力。

这种横向监督模式虽然在权威性和效率方面有所欠缺，不太容易出现专制，对普通民众来说它是安全的。所以，这种模式的最大优势在于它的目的正当性，它能最大限度地保护公民的基本权利，不受公共利益的代表——政府的侵犯。这种模式之下，公民的权利受到某一政府部门的侵犯，更容易获得其他部门的救济。

上述理念在“美国诉尼克松”案中有非常生动的体现。在“水门事件”最紧张的时候，尼克松总统命令其司法部长理查森解雇“不识大体”的特别检察官考克斯（隶属于司法部），理查森不愿从命并请求辞职，副部长洛克肖斯同样不肯干。尼克松只好请司法部第三号人物鲍克解雇考克斯，鲍克犹豫再三勉强答应。这一事件被新闻媒体称为“星期六之夜大屠杀”，引发了严重的宪政危机，也是最终导致尼克松下台的直接原因。

在这场风波中，司法部长理查森为什么宁肯丢官去职，也不肯解雇特别检察官呢？原因与美国宪政体制中的制衡和监督机制有直接关系。美国政府行政部门的重要官员虽由总统提名，但必须经过参议院批准。如果理查森随意撤换特别检察官，将对他的个人信誉和未来的政治前途造成极为恶劣的影响。实际上，理查森的行为后来得到了回报。“水门事件”后，福特总统于1975年重新启用理查森，他先后出任商务部长和驻英大使。

当年有个民主党人抹黑小布什的笑话，说理想的总统是里根的声望，卡特的道德，尼克松的老谋深算；然后骂小布什是卡特的声望，里根的智力和尼克松的道德。

尼克松喜欢宫廷权谋，搞党争，政治品格是很低下的。但是在冷战时代，美国需要这么一个人做领袖来对付苏联。早在20世纪50年代与赫鲁晓夫的厨房辩论中，尼克松就敏锐意识到，要和苏联比较物质生活水平的细节。关于尼克松的性格，有个生活细节，他在家也经常穿正装打领带，处于一种类似于工作的状态中。尼克松出身寒微，靠自己的学习能力考上学校，战前就成了律师，二战时当过海军军官，战后退伍就参选公职从政，可以说是个很草根的政客，他性格坚韧，即使遭遇重挫也不会轻言放弃，这种性格正面是坚强，反面就是专横。从他日后的成败来看，可以说性格决定命运。

1960年大选败给肯尼迪给尼克松带来很大的打击。此后尼克松竞选加州州长意图东山再起也失败了，但最后他还是等到了机会，民主党政府在越战的失败败光了肯尼迪遇刺留下的政治遗产，被认为政治生涯早已结束的尼克松，却在八年后逆袭成功。1968年大选之前，很多人认为尼克松无法获胜，本来有意参选的里根都退选了，尼克松站出来似乎有点背水一战的味道，但却因为各种意外因素，比如罗伯特·肯尼迪遇刺和芝加哥民主党全国代表大会镇压民众示威，导致尼克松胜算大增。尼克松上台时，美国正面临深陷越战泥潭带来的巨大政经资源损耗，同时也经历着经济转型和冷战竞争带来的沉重社会压力。可以搞几次阿波罗计划的资源和资金，都砸在了越南丛林，越战从一开始的全民支持到全民反对，最终变成了社会危机。苏联和中国都有核武器，短期内看来不能击垮任何一个，经济转型期间多个重要指标也逐渐被苏联赶上。所以，尼克松在这样的状况下，对困境中的美国进行了止损，如及时抽身越南，访问北京，拉华制苏。但这种性格也导致了他的失败，“水门事件”发生后，用职权阻止调查导致他无法完成总统任期。如果尼克松没有“水门事件”，他会发挥多大作用？他会不会更好地应对石油危机？一切已经没有如果。

“水门事件”彻底毁掉了尼克松的政治声誉，他是美国历史上第一位自己宣布辞职的总统，胜选连任却无法完成任期。作为一个老海军，他永远也不会有属于自己名字的航空母舰下水。

在“水门事件”中，尼克松本来可以作其他选择的。例如，他可以主动把录音带交出去；他可以发表电视讲话，将事件的来龙去脉说清楚，承认自己应承担责任；或者在欧文委员会（Ervin Committee）开始进行调查后出庭作证，就样便可以迅速地结束调查。因为如果尼克松出庭作证，一方是美利坚合众国总统的证词，另一方则是一个承认自己背信弃义的年轻助理律师的供词。如果他那样做了，至少他会被宽恕。现在回想起来，他只要采取了其中任何一项举措，公众都会让他继续留在总统的位置上。但撒谎一直是尼克松生命的一部分，所以尼克松满脑子想的都是编造花言巧语，这是他以前屡试不爽的一个惯用伎俩。尼克松的成功之道不是提供新的事实，而是对事实进行新的解释；不是身体力行地付诸行动，而是对行动的含义进行重新界定。

事实上，“水门事件”对尼克松来说不是一场意外，是尼克松个人没有底线的结果，因为他一直在具有重大政治意义的事务上，有组织、有预谋地向公众、国会、外国国家元首和外交官，以及他自己所属的政党和政府撒谎。

对于美国而言，重要的不在于尼克松是不是一个坏人，不在于他是不是“精神失常”，甚至不在于他是不是犯有原本会被某个法庭宣判的罪行，而是作为美国总统公然撒谎，这是对美国宪法的公然践踏。这对于美国而言，是一次极其重大的灾难。

尼克松在“水门事件”中的所作所为还表明，权力制衡的保护作用同样脆弱不堪。尼克松不需要率领他的白宫警卫队（White House Guard）向国会大厦进军，也不需要用带刺的铁丝网包围司法部，只需要在根据宪法设立的政府之上建立一个属于他自己的小政府，就足以胡作非为。国会提出弹劾尼克松的动议，是在尼克松违法四年半之后，而且是在掌握了大量确凿的证据之后。

在尼克松的整个总统任期内，他都在通过树立权威加强自己的权力：无论是狂轰滥炸的权力，还是窃听电话的权力；无论是克扣经费的权力，还是监守自盗的权力；无论是散布谣言的权力、敲诈勒索的权力，还是贪污受贿的权力。也许未来会有某种方法，可以改进美国的选举机器和权力制衡制度，以杜绝如此巨大的政治风险，从而确保不再发生与“水门事件”类似的事件。

迷醉“宿命论”的尼克松，终其一生似乎都在寻求着对自己自卑情结的补偿，他用谎言粉饰欲望，用专横逃避恐惧。尼克松与胡佛一样，一旦踏上一条漫长、艰难的征程，便义无反顾地走向一个哪怕是悲惨的结局。当然，他的内心深处对这一下场是矛盾的，他人格的一部分希望能够蒙混过关，另一部分则似乎陶醉于已经预设了结局的悲剧中，陶醉于自导自演的走向政治毁灭的故事情节中。

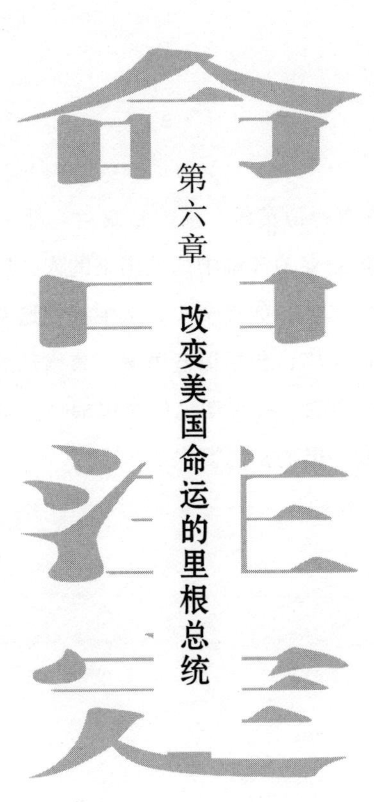

第六章 改变美国命运的里根总统

里根心中一直有一位英雄，那就是富兰克林·D.罗斯福，一个将他和全家人从即将到来的灾难中拯救出来的人。所以，里根的一生都是狂热的罗斯福主义者。他在十次大选中都把选票投给了罗斯福，还模仿罗斯福的演讲风格，包括语音语调、拿雪茄烟的姿势。罗斯福在 1933 年就职演说中的一些生动词句令里根一生刻骨铭心，特别是那句“我们唯一需要恐惧的是恐惧本身”。

一、命运之神

罗纳德·里根的一生都在舞台上演出，他是一个穿着政治家外衣的本色演员。

1911 年 2 月 6 日，里根出生在美国伊利诺伊州西北部的坦皮科市，他的父亲杰克·里根只是一个卖鞋店员，而且还是一个酒鬼，信仰天主教，而他的母亲内莉·威尔逊·里根，则信仰基督教。

在第一次世界大战期间，里根的父亲一直奔波于伊利诺伊州一带，寻求他所谓的“大突破”，当然他一直未找到“大突破”，最后又回到了坦皮科，并定居于狄克森（Dixon）。

1929 年大萧条时，他父亲先是失去了在里根时尚皮靴店的合伙人资格，然后又在 1931 年失去了销售员的工作，母亲靠在一家裙装店上班养活全家，每周的收入仅有 14 美元，直到 1932 年，杰克·里根由于卖力地为富兰克林·罗斯福竞选拉票，所以在罗斯福获胜后，获得了一份工作，成为狄克森福利办事处的处长。

大学毕业后，罗纳德·里根进入一家广播电台，当了体育节目播音员。他因在艾奥瓦州德梅因的 WHO 广播电台表现突出，而被电台确定为每年一度前往加利福尼亚进行冬季休假的人选。在前往加利福尼亚的路上，他停下来拜访了 WHO 广播电台的谷仓舞乐队，这一乐队曾经出现在基恩·奥特里（Gene Autry）的牛仔电影中。后来里根到好莱坞，就是为了寻找他在 WHO 时听说的一个漂亮女歌手。幸运的是，他找到了这个女歌手，而且这个女歌手还把里根介绍给了一个经纪人，所以里根开始了他的电影生涯。

很多人命运的改变多源自一次戏剧性的事件。正是一次戏剧性事件使里根发现，他有独特的才能，可以像其他大人物一样取得成功。

里根经历的那件事发生在他上学的那个乡村大学，名字叫“尤里卡学院”（Eureka）。在里根大一那年的秋季，由于学院里出现了财政危机，院长提出了“取消部分课程、解雇一批教授”的建议。这个计划使整个校园人心惶惶，生计受到威胁的教师与担心必修课被取消而无法毕业的学生聚集在一起，开始抗争。为了避免冲突，学院董事会在感恩节假期的前一天午夜，突然宣布接受了院长的裁减计划。学院的钟声随即敲响，学生和教授聚在礼堂里，愤怒而紧张的人群准备采取行动，于是学生委员会（Student Committee）连夜开会。该委员会有九名成员，其中新生代表只有里根一人。新生里根号召大家罢课，并把院长赶下台。他那激情迸发的发言，宛若冲锋的号角，全场爆发出经久不息的掌声。学生罢课一周之后，院长被迫辞职，裁减教师的计划也被束之高阁了。

正是这次演讲为里根后来在电台、电影、公众演说，以及最后真正从政奠定了基础。那次午夜会议对他的一生影响重大，后来他一直不厌其烦地谈起这件事。他从中获得的经验是：“一切成功都离不开受众的共鸣，那就是观众与我同在。”读懂观众，搭乘音波，力量随之而来。正是那天晚上的表现“为他以后的做法开了一个好头”。1980 年 10 月他在母校尤里卡学院说：“我遇上的所有好事，一切的一切都始于这里，始于这个校园，始于这里的四年大学生活。时至今日，它仍然是我生命的一部分。”

二、三流的演员

第二次世界大战爆发后，里根和很多美国年轻人一样报名参了军。但由于眼睛近视，他无法胜任战斗任务，于是被分配去制作训练影片。二战结束后，里根又回到好莱坞。虽然里根签了个不错的合同（每星期 3500 美元），但他已经难以迎合战后世界兴起的流行文化，所以里根回归后九个月都没有接到角色。尽管后来里根获得了一个看起来极有前途的角色，与白考尔（Bacall）和博加特（Bogart）一起出演一部西部影片，但由于其他明星相继退出，这部电影也被降级为黑白片，在市场上没有引起任何关注。从那时起，糟糕的事情接踵而至。他随后又在打棒球时受伤，被迫住院治疗了八个星期，在此期间他的婚姻也走到了终点。这一年的里根已经 38 岁且孑然一身。1951 年里根已沦落至在喜剧《君子红颜》（*Bedtime for Bonzo*）中与一只黑猩猩演对手戏。

上帝关上一扇门，就为他打开一扇窗。就在这时，南希·戴维斯进入了他的生活，从而彻底改变了里根的命运。

28 岁的南希当时已是一名引人注目的女演员，但由于名字被人搞混了，她经常收到左翼组织的宣传信件，这令她十分害怕。于是，她联系了担任美国演员工会主席的里根，而里根同意在南希遇到麻烦时保护她。在相恋了两年半后，南希与里根在 1952 年 3 月结为夫妻。南希对于这场婚姻非常投入。她说，她的生命从遇到里根时开始，一想到没有他的生活就惶恐不安。这是因为南希的原生家庭使她缺乏安全感。南希的母亲伊迪丝·勒基特（Edith Luckett）非常漂亮，但出生于一个十分贫穷的家庭，15 岁就辍学登上了舞台。虽然后来伊迪丝嫁给了一位英俊的普林斯顿贵族，但当时这位男子正在奔赴第一次世界大战战场的路上，所以这场婚姻很快就解体了。南希出生时，她的父亲不在身边，南希的婴儿时期是在手推车里度过的。伊迪丝在剧院的环形道路上推了她两年，最后还是决定抛弃她，将她寄养在马里兰州郊区的妹妹家。

尽管姨妈和姨夫对她百般呵护，但失去母亲的孤独是无法用文字来表达的。不久南希得了猩红热，随后又感染了双侧肺炎，母亲都不在身边。因此，当母亲身着浣熊皮大衣，手捧礼物和巧克力糖果，带着迷人的魅力突然来看她时，南希激动得颤抖了起来，因为她太盼望这个时刻了。

南希七岁时，她母亲再婚后把她带到了芝加哥，与继父洛亚尔·戴维斯（Loyal Davis）一起生活。南希的继父戴维斯是一位富有的神经外科医生。他沉着、冷静、严肃、坚强，像暴风雨中的灯塔一样，从此照亮了伊迪丝和南希的一生。戴维斯对工作的要求非常严，在年轻的外科医生眼里是一名恐怖的独裁者，但南希非常崇拜他。南希的母亲伊迪丝此时则放弃了演艺事业，开始陶醉于芝加哥上流社会纸醉金迷的社交圈中。受此影响，南希后来进入史密斯女子学院（Smith College）学习期间，也开始没完没了地参加聚会。

如果不是南希的上进心非常强，她或许也会沦为一个“交际花”的。南希嫁给里根后，便把她对“生命中最重要的人”的依恋以及她对社交圈的依赖都带入了他们的婚姻。

她是在里根落魄时嫁给他的，所以应该说是南希成就了里根。因为她同时具备两种重要的能力：一是像一位罗马士兵那样守护着里根的情感世界；二是像一名日本艺妓那样，为里根的事业与富有的社会名流周旋。

里根真正跨入政坛，是从南希成为他的第二任妻子后，在戴维斯的引荐下开始的。

在当时冉冉升起的保守主义者当中，影响最大的是正在竞选总统的巴里·戈德华特[①]。戈德华特是洛亚尔·戴维斯医生的朋友，正是因为南希才使里根有机会经常在戴维斯的凤凰城（Phoenix）度假别墅里与他交谈。于是，在戴维斯的极力推荐下，里根出任了戈德华特的加利福尼亚州竞选总部的共同主席。他们的狂热在当年的共和党全国代表大会上达到顶峰，直到1964年约翰逊获得压倒性胜利为止。对于里根本人而言，戏剧性的转变发生在当年

① 巴里·戈德华特于1953—1965年任美国参议员，1964年被共和党提名为总统候选人，但在大选中被现任总统林登·约翰逊以悬殊票数击败。——编者注

10月，由于总统候选人戈德华特取消了在洛杉矶的一次募捐演讲，里根的另一位朋友、百万富翁霍姆斯·塔特尔（Holmes Tuttle）便让里根代表戈德华特上场。里根在洛杉矶发表了一次精彩的长篇演讲，也就是从那天起，里根的命运才开始了彻底的转变。

或许这次成功源于里根的表演技巧，因为在他成为专业演员之前，里根就已经开始进行表演训练，假装他的父亲不是真的酒鬼，假装他真的会打橄榄球，假装他真的是富家子弟中的一员。与里根相识多年的基南·温（Keenan Wynn）是这样评价里根的："与其说他是一个演员，不如说他是在表演不同版本的自己。"所以，里根的成功，很大一部分原因在于他扮演角色的高超技艺和能够让观众如痴如醉的能力。当然，有高超的表演艺术也不代表一定会成功。

里根的第一任妻子简·怀曼就是一位有高超表演技艺的演员，经常陷入间歇性的悲伤之中。她说里根不能给她带来慰藉："他这人是那样的阳光。"[①] 然而，那永恒的阳光带来的欢乐，最终也变得索然无味，后来她慢慢地变成了一位忧郁的女演员。直接原因是，她在《心声泪影》中饰演了一位聋哑少女，不幸遭到强暴，后来自己的孩子又差点被那个强奸犯抢去，但最后终于杀死了那个男人。为了感同身受，她去了一所聋哑学校，学会了如何读懂唇语，并且带上耳塞模仿聋人。最后，她自己慢慢便陷入这个角色中难以自拔。里根非常同情怀曼，但无法理解演这种戏的压力，所以他们还是离婚了。从某种意义上说，里根的表演与她截然相反：里根的成功之处在于，保持了自己的个性，而不是像简·怀曼那样，让自己成为角色的俘虏。里根与怀曼一样演技高超，但他意在引人注目而非扣人心弦。与简·怀曼不同的是，里根

① Lou Cannon, *President Reagan: The Role of a Lifetime*, New York: Simonand Schuster, 1991, p. 62.

一直是一位人气很旺的演员，但无法成为一名出类拔萃的演员。对里根来说，表演是第二位的，只是表达他那永久不变的个性的手段。他有一种天生的才能和想象力可让他可以进入任何角色，思考该角色该如何演，然后活灵活现地表演出来。

里根的天分就是他可以让自己的举动看上去自然而然。要弄小花招是他本性的一部分。例如，当电视摄像机对准正在倾听对手回答问题的里根时，他懂得如何注视对方、如何不动声色却又富有表现力地展示自己。面对观看辩论的电视观众时，他只说那些简单易懂的词语；为了更好地阐述自己的观点，他甚至会用一些家常的道具，如一美元纸币。

如果未来还有一个人不用控制和算计，而仅仅是“做我自己”，就能像里根那样进行表演，那一定是新的神话。

1980 年，里根与乔治·布什（George Bush）在新罕布什尔（New Hampshire）的辩论中，里根的表现非常精彩。义愤填膺的里根大踏步地走上演讲台，坚决要求所有的候选人而不仅仅是乔治·布什，都应当有表达自己观点的机会。里根的做法违反了事先定好的规则，所以一家赞助报纸的编辑要求关掉他的麦克风。里根当场呵斥他说：“格林（Green）先生，我可是为这个麦克风付了钱的！”

这个“剧本”的设计是里根的经纪人约翰·西尔斯（John Sears）想出来的，而且西尔斯没有告诉里根，只告诉了其他候选人，一直到辩论当天中午才告诉他。当布什的经纪人詹姆斯·贝克表示不同意其他候选人参加发言时，面色铁青的里根阔步穿越过道走向演讲台，他身后跟着按姓氏字母顺序排序的四位候选人：安德森、贝克、克兰和道尔，但走在他身边的是里根的助手吉姆·莱克，里根边走边问莱克：“我该怎么做？”莱克回答道：“我们要到台上去。你要明确提出应当让其他候选人发言。如果他们走了，你就留下来继续辩论。”

里根走到台上坐下后，莱克让一位特勤人员递给里根一张纸条，上面写着：“让他们见鬼去吧，州长先生！全场人与你同在。”于是里根抬起头，义愤填膺、声色俱厉地“表演”起来。此刻，莱克是导演，而里根则是演员。

政治记者戴维·布罗德（David Broder）当时便对他的同事卢·坎农说：“此刻，里根已经赢得了这场初选。”因为上述及其他种种原因，里根确实在新罕布什尔州大获全胜，他的得票数比其他六位候选人的总和还多。

或许是由于职业的习惯，如果不事先给里根准备好台本，里根就会从一个出色的表演艺术家直接变回三流的演员。所以 1982 年中期选举时，里根成了“第二次世界大战以来，最与世隔绝的行政首长之一”。除了设计好的“拍照机会”，白宫办公厅工作人员们有计划地让记者远离里根，以防止他们诱导他即兴发挥。这就是为什么里根不断地发表全国电视演讲，还定期参加一个广播电台节目的原因，里根容易受现场观众影响而乱了方寸。[①] 此前，里根总在观众的鼓舞下信口开河。在向参加过对外战争的老兵们发表演讲时，里根出人意料地说出了一个令人震惊的观点：越南战争是一项“崇高的事业”。[②] 在密歇根州的展览会上，观众中有一位戴着卡特面具的妇女，诱导他说出了这样的话，他来到那里很高兴，而卡特的“竞选活动就始于这里，始于这个作为三 K 党发源地和母体的城市”。

与其他擅于言简意赅地阐述自己观点的政治人物不同，里根习惯援引数据，还喜欢援引历史上或传记中的奇闻趣事。问题是，虽然他言之凿凿，但其实都是一些捕风捉影的东西。

有意思的是，里根对待这些“错误”的态度是根本就无所谓。虽然有时

---

① Nancy Reagan and Bill Libby, *Nancy*, New York: Morrow, 1980, p. 155.

② Laurence Learner, *Make-Believe: The Story of Nancy & Ronald Reagan*, New York: Harper & Row, 1983, p. 277.

他也会因为别人指责他说得不准确而恼羞成怒，但他的典型反应是像一个突然忘了词的演员，糊弄过去并继续往下演，而不会在意受到的指责。当一位记者把他说过的一句稀奇古怪的话又说给他听时，他耸了耸肩，然后说不记得说过那样的话。詹姆斯·赖斯顿是这样评价里根的："只需给里根先生一份好讲稿、一两个隐形电视屏幕和黄金时段的半小时时间，他就可以让人民相信，除了事实之外什么都不用怕。"[①] 在里根的生活中，幻想并不像对于记者和历史学家那样是某种需要警惕的东西，而是一种骄傲，因为演员注定是一位充满激情的幻想家，注定是一位梦想家。里根说："我们这种职业的人，把太多的时间都花在了伪装上，花在了阐释从来都不存在的角色上，以至于一名演员至少要把一半清醒的时间花在幻想上。"

里根特别喜欢卡尔·桑德堡（Carl Sandburg）关于梦想的名言："共和国是一个梦想。但万事皆始于梦想。"[②] 对里根来说，指责他富于幻想很容易转化成称赞他敢于梦想伟大的梦想。他心安理得，他没有撒谎，只是把事实拔高了。

里根常年都在编造关于他自己的故事，一些他自己似乎相信的传说。在里根看来，语言不仅可以掩盖事实，而且还可以重塑事实。[③] 对他来说，过去只是原材料，可以根据需要进行加工，以服务于揭示真相的目的。舞台下面的里根似乎经常沉浸在创造性幻想中。劳伦斯·利默指出：真实的里根与总统的职责始终保持着明显的心理距离。

在白宫召开的会议上，除非有严格的会议议程，否则里根就会跑题，开始讲好莱坞的故事。在没有事先准备好的一对一的谈话中，里根看上去要么

① *The New York Times*, January 29, 1984, p. El9.

② Laurence Learner, *Make-Believe: The Story of Nancy & Ronald Reagan*, New York: Harper & Row, 1983, p. 328.

③ *The Washington Post*, February 12, 1984.

心不在焉，要么沉默寡言。所以让里根专注于政策细节十分困难，在公开场合下，除非给他准备好一份稿子，否则他总会跑题。

有人认为里根是一个离群索居的哲人，或者像两位罗斯福总统那样是一个对结果志在必得的强人，其实他们都错了，因为里根只是一名擅于将自己的表演与公众联结的、本色出演的演员。

三、真实的想象与想象的真实

1984 年，里根出现在电视上的时候，看上去神似罗斯福，但现实中的里根是一个心态轻松、平和的人，是一个希望令全国所有同胞都快乐和踏实的人。[①] 他是一个“非常喜欢内阁会议的宏大场面，但却没法在会议期间不打瞌睡”的总统。[②]

里根从来不是一个工作狂，在他的第二个总统任期，“经常在下午四点就下班了；而且几乎每天都要在私人体育馆里练习一个小时的举重”。[③] 里根每年都会离开椭圆形办公室去戴维营度假，即便发生了“伊朗门”危机，他还是休了 25 天的假。[④]

里根的团队为里根塑造了一个拥有积极性格的总统人设，但事实上里根是一个非常消极的人。里根十分依赖他的私人顾问[⑤]。或许，据卢·坎农观察，里根在他的一生中只是一位主演，而非制片人或者导演。他通常要在助手或者夫人的帮助下才能作出选择。[⑥] 事实上，里根是一位临朝而不理政的君主，[⑦]

---

① Lou Cannon, *President Reagan: The Role of a Lifetime*, New York: Simon & Schuster, 1991, p. 180.

② 同上书 , p. 183.

③ Jane Mayer and Doyle McManus, *Landslide: The Unmaking of the President(1984-1988)*, Boston: Houghton Mifflin, 1988, p. 26.

④ James David Barber,“President Still Hasn's Explained”, The Miami Herald, August 16, 1987, p. 1.

⑤ Martin Anderson, *Revolution,* NewYork: Harcourt Brace Jovanovich, 1988, p. 291.

⑥ Lou Cannon, *President Reagan: The Role of a Lifetime*, NewYork: Simon & Schuster, 1991, p. 53.

⑦ 同上书 , pp. 175-176.

他就像一匹赛马，如果有一位善于策马的骑士，他就会跑出优异的成绩；如果没有骑士驾驭，他就要慢慢悠悠地溜达。[①]

所以，里根任期内的政策并非由他本人主导，而是由他的高级幕僚们制定。南希的朋友迈克尔·K.迪弗是“里根总统的总制片人”，也是“首席经纪人”；[②]埃德·米斯（Ed Meese）、詹姆斯·贝克（James Baker）和理查德·达曼（Richard Darman）也扮演着重要的角色。里根的政策变化并非像人们通常认为的那样，源于他本人观念的变化，而是他应时任白宫办公厅主任要求而进行的调整。

所以，如果只研究“总统”这一制度，那么总统本人远远不能让我们明白自己想知道的东西。制度只能告诉你美国政治舞台的轮廓和道具的布置，而对围绕道具发生的一切，则无法预测。

里根从来就不是任何形式的意识形态狂，他从来没有认真研究过意识形态。至于经济学，他也只不过是在一个三流大学选修过一些课程。里根此后在意识形态上的演变源于他的经历，而不是源于任何形式的哲学。而这种取悦观众的愿望在他的一生中不断有着淋漓尽致的体现。

当年，里根就是以戈德华特式保守主义者的形象从全国电视屏幕上冉冉升起的。他出色的表演让众多的意识形态保守主义者把他视为他们当中的一员，一个真正信仰革命性的保守主义意识形态的人。

里根早年的发迹，多得益于南希与南加利福尼亚的超级富豪建立的联系。从嫁给里根的那一刻起，南希就把里根当成她的生命；里根也早就把南希当作自己安身立命的中流砥柱。南希心甘情愿地放弃了自己的演艺事业，她这样做的目的不是为了自己，而是为了里根进行“社交”。在当时的那个时代，

---

① Jane Mayer and Doyle McManus, *Landslide: The Unmaking of the President(1984-1988)*, Boston: Houghton Mifflin, 1988, p. 32.

② Lou Cannon, *President Reagan: The Role of a Lifetime*, New York: Simon & Schuster, 1991, p. 53.

对于里根和她来说，社交就意味着成功。

如果说里根的表演为这些政治人物所欣赏，那么，南希深知该如何消费这些政治名流，让他们心花怒放并视她和里根为他们当中的一员。里根在第一次竞选州长时，南希那个富有的名流小圈子给了里根很大的支持。当然，这种支持并非只是物质上的。在那段时间，南希总是和这些政治人物的夫人们午餐时喝白葡萄酒，晚上则吃龙虾大餐，下午经常去最高档的服装店，但这个小圈子固守着自己的边界，不向非自己的人敞开大门，她们彼此嘘寒问暖，谈论聚会和着装，不涉及可能破坏气氛的话题。她们在里面建立一个流光溢彩、歌舞升平的微型帝国，远离尘世上那残酷而粗鲁的熙熙攘攘。

里根卸任后，南希说，作为第一夫人，"我们访问了欧洲的七个国家，会见各国的国家元首、外交部长、工业巨头等。我认为这些访问让我记忆犹新，那些欢乐时光令我流连忘返。平心而论，我是一个游客。"①

南希一点也不认为自己是一个被宠坏的放纵之人。"成人与小孩行为的分界线是自制"②，而她是自制的，南希认为，自制与清苦风马牛不相及。应当承认，南希成功地找到了她应当扮演的人生角色。

里根是一个演员，而不是制片人或者导演，所以他扮演的角色是由导演指定的。在历次竞选中，他从来不会主动谋求参加竞选，除非来找他的人坚决要求。百万富翁霍姆斯·塔特尔是最先提议由里根竞选州长的，原因是里根在 1946 年从塔特尔那里购买了一辆汽车，两人从此成了朋友。而塔特尔看出戈德华特的"极端主义"在 1964 年已经没有市场了。在戈德华特竞选惨败两个月后，塔特尔邀请两位石油大亨亨利·萨尔瓦托利和 A.C. 鲁贝尔

① Nancy Reagan and Bill Libby, *Nancy*, New York: Morrow, 1980, pp. 208-209.

② 同上书 , p. 140.

（A.C.Rubel）及其他几位百万富翁到家里来，商谈另选其他人与帕特·布朗竞选加利福尼亚州州长一职。根据典型的南加利福尼亚政治风格，他们根本无须考虑候选人属于哪个政党，只要像聘用部门经理那样物色一个合适人选即可。他们认为里根就是一个合适的人选。里根从来不是最聪明的人，但是，"我从来没有见过一个政治家聪明得可以来经营我们的事业"①。然后，塔特尔委托著名的政治竞选管理公司斯潘塞－罗伯茨（Spencer–Roberts）对里根进行考察。在进行了一次访谈，打消了对里根太容易屈服的疑虑后，该公司就与他签订了聘用合同。此后，斯潘塞－罗伯茨雇用了一个由行为心理学家组成的团队，把里根演过的影片分成17个议题，为每个议题设定一个哲学框架，并编纂了八本黑皮书（black books），汇总适于发表演讲的实例和格言。②里根不仅仅是被百万富翁和他们雇用的专家们改造了一番，基本上可以说是被他们"重新塑造"了。虽然对于塔特尔他们来说，筹集竞选资金是一件很容易的事情，但选定里根作为竞演的力量更加高明。这41位富豪于1965年春成立了"罗纳德·里根之友"③（The Friends of Ronald Reagan）。参加竞选后，里根带着演讲稿一遍又一遍地进行"表演"，不时博得观众的欢呼雀跃，因为每一位观众都觉得他的演讲是即兴的，因此里根以极大的优势获得了胜利。里根没有任何政治背景，没有任何政治盟友，也没有任何政治机器，就这样凭空杀了出来，因为他的竞选不是由他本人操作的。

里根胜选后，塔特尔和他的朋友们组成了"重要提名工作组"（Major Appointments Task Force），指示作为演员的里根应当提名谁担任什么职务。

---

① Laurence Learner, *Make-Believe: The Story of Nancy & Ronald Reagan*, New York: Harper & Row, 1983, pp.195-196.

② Lou Cannon, *President Reagan: The Role of a Lifetime*, New York: Simonand & Schuster, 1991, p. 108.

③ Laurence Learner, *Make-Believe: The Story of Nancy & Ronald Reagan*, New York: Harper & Row, 1983, p. 196.

他们每个月召开一次会议提出一些建议，然后给担任州长的里根打电话。后来里根非常依赖他当州长时的助手们，其中有些人在他担任总统时，又回到他身边来，例如威廉弗伦奇·史密斯（William French Smith）、卡斯珀·温伯格、威廉·克拉克和埃德·米斯等。

根据塔特尔和他的朋友们写的脚本，里根从州长办公室出来，踏上了竞选总统之路。为了迎合观众，根据制片人的要求，里根开始向右转。在那些巡回演讲中，"里根最喜欢读的书是《读者文摘》（*Reader's Digest*）和《人事》周刊（*Human Events*）。《读者文摘》里到处都是他喜欢援引的令人惊叹的数据，《人事》周刊则比现实世界有更多的意识形态确定性"[①]。在发表这些演讲时，里根把那些狂热的意识形态狂、善于归纳总结的专家学者和鱼龙混杂的共和党人吸引得团团转：意识形态狂听出了他是那样的真诚；专家学者在他那支离破碎的主张中找到了他们需要的各种逻辑；鱼龙混杂的共和党人认为，他真的信仰他胡诌的那一套新教伦理。里根的这些制片人中，大多数人都自认为是"白手起家的人"。其中包括塔特尔本人、威廉·弗伦奇·史密斯、药品零售巨头贾斯廷·W. 达特（Justin W. Dart）、房地产商威廉·威尔逊（William Wilson）、石油大亨萨尔瓦托利、钢铁巨头厄尔·M. 乔根森（Earle M. Jorgenson）、啤酒业界的约瑟夫·P. 库尔斯（Joseph P. Coors）和出版界的沃尔特·安嫩伯格（Walter Annenberg）。这些制片人定期在华盛顿和威廉·弗伦奇·史密斯在洛杉矶的摩天大楼会议室里碰面，确定政府组成人选，而里根基本上接受了他们提名的所有人选。[②] 他们在白宫隔壁的老行政办公楼里设立了自己的办事处。后来里根的白宫办公厅主任贝克说："只要总统的朋友

① Lou Cannon, *President Reagan: The Story of a Lifetime*, New York: Simon & Schuster, 1991, p. 197.

② Laurence Learner, *Make-Believe: The Story of Nancy Ronald Reagan*, New York: Harper & Row, 1983, p. 285.

们想见他，我们就会在总统的日程里做出安排。”[①] 他们挑选的人员体现了他们的价值观，政府的前六位高级官员全部是亿万富翁，普通百万富翁至少占前 100 个职位中的 25 个。[②]

虽然里根夫妇对华盛顿的达官显贵非常友善，但这些人不与里根夫妇的新朋友一起参加聚会。司法部长威廉·弗伦奇·史密斯说道：“将我们团结在一起的纽带是我们(与里根)的友谊，以及我们共同拥有的传统和联系。”[③]“里根依靠平民的支持上台，但他本人却不是平民主义者。”

事实上，美国的各大工商企业，像克莱斯勒（Chrysler）、洛克希德（Lockheed）、石油企业、农业综合企业、保险业、通信业、交通运输业和军工制造业，都是由意志坚定的律师和游说家慷慨解囊并配备人员组建的。他们已经非常成功地把一种极其复杂的特权维护体系植入了美国的法律和政府行为中。例如，大幅下调“非劳动所得边际税率”、“资本收益”和“优先认股权”这样的政策推出之后，意味着上流社会的个人和企业，可以迅速得到大规模的回报。

里根的成功是他的夫人和最重要的朋友们一起塑造的，这一切清晰地体现在他所有的行为中。

作为演员的总统，里根是超脱和健忘的，他甚至不知道自己最亲密的顾问在哪里办公，尽管这些人离他的椭圆形办公室只有几步之遥。

即使在他担任总统三年之后，里根的好奇心也仍然没有被激发出来，他开会时还会不时打盹。由于里根高度依赖他的幕僚们开展工作，所以当他的

---

① See Ralph Nader, *Introduction to Ronald Brownstein and Nina Easton*, Reagan's Ruling Class, Washington D. C.: The Presidential Accountability Group, 1982, footnote 58, p. viii.

② 同上书, p. vii.

③ 同上书, p. xiii.

团队成员出现分裂时，里根就会如坐针毡。

入主白宫后的大多数时间里，里根的一天都是在太阳升起很久之后才开始，在太阳落山之前便早早地结束了。他说他最惬意的时光是“钻入那架直升机飞往戴维营”①，因为在那里他可以穿着睡袍与夫人一起看“经久不衰的”老电影。1981 年 8 月 19 日，当两架美国 F-14 战斗机遭到利比亚的苏制武装直升机攻击时，总统的顾问们等了 5 小时 20 分钟后才得以报告给总统，里根接完电话的回复是，我知道了。

《纽约时报》1982 年报道说：“有证据显示，里根先生经常做的只不过是批准顾问们的决定而已。”② 他喜欢像冬眠一样躺着，躺够了才会懒洋洋地醒来。③ 里根与丘比特（Cupid）一样，总是发出连珠炮似的“永不枯竭的笑声”。如果说卡特有些不苟言笑，里根则是因为笑得太多而闻名，即使在这么大年纪有充分理由感到疲惫不堪、恼羞成怒的时候，即使在完全没有必要去鼓舞人心的时候，他也这样做。里根总统经常说：“欢乐时光总是如此转瞬即逝。”

里根不是狭隘的人，希望“他的下属之间一团和气”。当有人当着他的面说出“真的”“我不是在开玩笑”这样的字眼时，里根那一贯的镇定自若便顿时消失得无影无踪。每当他与高级助手走向决裂，使得他必须解雇其中一人时，里根都会陷入极度的苦闷和痛苦之中。“里根喜欢安静、随和和善于协作的人，因为只有这样的人才能融入一个和谐的整体中去。”“如果大家关系紧张，他就没法好好做事。他喜欢所有人都互相欣赏，融洽相处。”

当然，里根的成功有很多原因，但直接和间接的原因都与当时的情况和

---

① Laurence Leamer, *Make-Believe: The Story of Nancy Ronald Reagan*, New York: Harper & Row, 1983, p. 376.

② Howell Raines, “With Haig Leaving,Reagan Closesa Compatible Inner Circle”, *The New York Times*, July 4, 1982.

③ Steven R. Weisman, “Reagan Termat Midpoint”, *The New York Times*, January21, 1983.

他个人的表演天赋有关。除了已经由里根的实际经历充分印证过的性格、世界观和风格外，还有以下几个因素：

第一，性格并非决定一切。在上任后的头两个月里，里根就克服了在当时看来非常大的困难，使国会通过了一揽子全新的经济法案。

第二，世界观从来不是一成不变的。里根是以一个“保守主义者”的面目上台的。但他很快就让“保守主义者”们对他火冒三丈，与此同时，至少有一些自由主义者开始赞赏他的灵活性。

第三，风格非常重要，因为它影响着所指向的目标。里根是以 50.75% 的普选人票赢得总统大选的，但在众议院民主党有 243 名众议员，而共和党只有 192 名众议员，在参议院共和党也只有 53 名参议员，然而里根上任仅六个月，他的大幅减税法案便在国会获得通过。当时，参议院和众议院的投票结果分别是 89：11 和 238：195，在某种意义上这是一个奇迹，因为到 1983 年美国的平均税率下降了 25%。一些分析家通过多年观察得出结论，这是任何一个当代总统都无法完成的重大变革。里根“革命”之所以能够取得成功，主要得益于里根的出色表演。

国会议员们之所以为里根的经济计划放行，一是因为他们觉得选民已经在 1980 年批准了它。在他们看来，里根是带着一个全新的经济复兴计划参加竞选的，选民参加投票相当于进行民意测验，而且白宫也极力宣扬选票即代表授权，所以赢得了深有同感的议员。新当选的国会议员与里根一样也需要选民，所以拒绝里根的计划就如同反对自己的选民一样。一位白宫官员将这种授权称为“一种精心制造的幻觉”[①]。

二是时机也很重要。通过设立法案时，里根在他的总统“蜜月期”，而“蜜

① C. T. Hanson,“Gun Smoke and Sleeping Dogs”, *Columbia Journalism Review*, May/June, 1983.

月期”对于一个总统来说是最佳时期，因为他处于极易得到自己想要东西的有利形势下。

三是得益于里根的个人魅力。此前卡特缺乏的是魅力，而此时的里根则极富魅力。里根的魅力与溜须拍马者不同，是那种浑身洋溢着真诚、与人相处时表现得兴高采烈的魅力，是那种基于真情实感的魅力。里根像一个乐呵呵的婴儿，让人很难不喜欢他。作为总统，里根又为其人格魅力赋予了一层浓厚的官方色彩，让太多的批评者心中的批评和怀疑在肃然起敬中转化成了茫然无措。

四是关系到“政治贿赂”。里根计划的核心是税收。长期以来，减税一直是那些合法掠夺国库的富人们的惯用伎俩。国会议员当选高度依赖家乡和华盛顿的富人们的捐款，所以减税在一定程度上是一种合法的政治贿赂，极大地调动了国会议员们难登大雅之堂的胃口。因为里根总统提出减税、免税、税收重置和税收折扣政策，使富人特别是产油州的富商收入大增。

五是出于每个人同情弱者的天性。1981 年 3 月 30 日，里根就任总统刚满两个月，就在华盛顿街头遭到了枪击。当时有一枚子弹击中里根心脏附近，差一点让他死在医院里。在遭到枪击不到一个月的 4 月 28 日，当里根参加国会参众两院联席会议时，他一步入会议大厅就得到了与会者大家一次又一次的如潮水般的热烈掌声。他一直称赞枪击事件那天跟随他的三个人“勇敢”，这自然会让观大家对他产生好感，他随后借机诚恳地请求国会通过他的一揽子提案，结果全美民众一边倒地支持总统的提议。其实他们中的大多数人并不知道折旧补贴中的投资信贷是什么东西，但枪击转化成了民众对里根无条件的支持，而民众的支持又转化成了议员的投票。

作为演员的里根，只是将每一次表演当作一种回归中心舞台的工具。

四、“星球大战”计划

20世纪80年代，人类生活在一个特殊的历史时期，美苏冷战随时有可能将全人类送入万劫不复的地狱。为确保美国的核心利益，里根的“制片人”和“导演”为美国和里根准备了一个最佳的剧本——“星球大战”计划，即将人类的注意力引向太空。

在里根总统的顾问们看来，此时的苏联正欲凭借其核武器数量多的优势，先发制人地对美国发起核攻击，从而赢得战争。

如何反败为胜呢？里根的顾问们认为，美苏在进攻性核武器方面的差距不大，所以单纯增加数量不足以实现这个目标。但在太空，美国却占绝对优势，所以只要利用这种优势发展太空的导弹防御系统，美国便可转败为胜。

1983年3月23日，里根向全国发表了电视演说，在演说中里根展示了四张卫星拍摄的照片和一些图表，来说明苏联导弹力量“已大大超过美国”。里根还强调，美国必须进一步发展和加强战略进攻武器，同时要加紧研制“太空超级武器”，建立有效的战略防御体系，以便在苏联战略导弹到达美国之前进行层层拦截，予以彻底摧毁。这就是新闻界所称的“星球大战”计划，该计划当时预计总耗资为8000亿到10,000亿美元，目的就是通过建立完善的弹道导弹防御体系，对美国的所有国土进行全面的保护。

当然，对于“星球大战”计划，美国政界、学术界和新闻界还是有很多的批评者，他们主要是担心实施这一计划将突破《反导条约》，恶化美苏关系。但此时美国在美苏全球争霸中并不处于有利地位，而且苏联利用美国国内因越战产生的厌战情绪，加快了对第三世界的扩张。直到1979年，苏联对阿富汗的入侵才打破了美国一些人“缓和”的幻想。

为了对付苏联的威胁，里根将军费开支提高到有史以来的最高水平。美国 1981—1985 年的军费开支分别是 1575.12 亿美元、2137.5 亿美元、2394.7 亿美元、2681.5 亿美元和 3051 亿美元。为了实施“星球大战”计划，里根还计划在 1986—1990 年再增加 2 万亿美元军费。

1984 年，美国进行了两次太空发射反卫星系统测试，这是第一次也是唯一一次针对卫星的发射。1985 年 10 月 13 日，反卫星系统摧毁了一颗在 555 公里高轨道上运行的旧卫星。

“星球大战”计划给苏联带来了巨大压力，对冷战的结束产生了非常巨大的影响。在美国国内，也许“星球大战”计划只不过是里根主演的一部科幻电影，但对于苏联，正是“星球大战”计划最终拖垮了它。

可以说，“星球大战”计划是美苏冷战中美国不战而胜的经典案例。

1984 年 1 月，美国战略防御计划局成立，由曾任太空总署穿梭机计划总监的詹姆斯·亚伯拉罕森将军任首任局长。1985 年 1 月，“星球大战”计划蓝图公开，该计划不仅作战理念极其先进，武器系统也是划时代的：不仅使用常规弹头，还将使用激光束、粒子束、电磁轨道炮和截击弹等各种高新技术武器，在外太空、高空和地面形成一个多层次的防御系统。

“星球大战”计划使苏联十分紧张，因为当时苏联虽然和美国并称世界两极，但受限于国力，苏联在常规武器方面的性能远远落后于美国。于是苏联被迫将主要精力放在了核导弹等战略武器上面，力图用战略核力量威慑住美国，实现“特殊的平衡”。

美国的“星球大战”计划彻底打乱了苏联的阵脚。如果美国的“太空超级武器”建成，苏联的核导弹就过时了。“星球大战”计划推出之前，苏联本来准备调整产业结构，计划从 1977 年开始削减军费开支；而该计划出台后，苏联的军费开支被迫从 GDP 的 2% 大幅增长到 1985 年的 12%，上马了包括从火箭到航母的几乎所有项目。1986 年，时任苏共中央总书记戈尔巴乔夫提出让美国放弃“星球大战”计划，但里根没有同意。1991 年 12 月 25 日，苏联解体，两年之后，美国才正式宣布“星球大战”计划终止。

为抗衡美国的“星球大战”计划，苏联前前后后投入 8000 亿美元，从而使整个国计民生都受到了严重的影响，从某种程度上讲，这为苏联最终走向解体埋下了伏笔。

20 世纪 80 年代这十年是美国经济快速复苏发展的十年，也是苏联经济持续走下坡路，乃至进入困难的十年。在这期间，苏联国内经济出现结构性危机。在西方主要国家经济由工业粗放型向资源节约型和知识密集型产业过渡的时候，苏联第十个五年计划（1976—1980 年）仍在延续粗放型发展的模式，主要依靠包括石油和天然气工业在内的传统部门输血来拉动经济增长。苏联在 1970 年投入 1 卢布可以获得 1.39 卢布的回报，但是到了 1973 年，只能获得 1.1 卢布，到了 1980 年只能获得 0.8 卢布，所以，苏联国民经济走向破产已经成为必然。

而在美国，里根自 1981 年入主白宫之后，便通过减税等经济复兴计划，使得劳动生产率大幅度上升，产品的劳动力成本普遍下降，美国经济保持中长期中速增长的可能性大增。这为美国之后在美苏争霸中提升军事实力，提供了雄厚的经济基础。与此同时，里根还通过放松管制、减少政府干预和经济自由化等措施促进了市场竞争，刺激了技术产业的创新和发展，全面带动了美国科技水平在 20 世纪 80 年代以后的大飞跃。

“星球大战”计划不仅使美国的军事工业获得发展，还大幅提升了美国的生产力水平，增加了就业。据统计，美国在“星球大战”计划上每花费 10 亿美元，生产能力就可提高 0.1%，国内生产总值每年就能够增加 30 亿美元。

在历史上，美国制造原子弹的“曼哈顿工程”使得美国最早进入原子能时代，“阿波罗计划”又使得美国率先步入太空时代，“星球大战”计划无疑推动了美国新一轮科技革命。

五、令里根蒙羞的“伊朗门事件”

“伊朗门事件”（又称“伊朗门丑闻”和“伊朗门”）是美国的一项秘密武器交易，通过交易导弹和其他武器解救在黎巴嫩被恐怖分子劫持的一些美国人质，同时也使用武器交易的资金来支持尼加拉瓜的武装冲突。这项有争议的交易和随后的政治丑闻威胁到里根的总统任期。

如果不是因为20世纪80年代初的政治气候，“伊朗门事件”可能不会发生。1981年入主白宫的里根因未能维持共和党同僚们的政治势头，在1982年中期选举时，共和党在参众两院都失去了多数席位，这一结果使总统的议程复杂化。在竞选总统期间，里根曾承诺协助全球各地进行反共叛乱，但在中期选举之后，民主党控制了国会，之后，民主党通过了“博兰修正案”，该修正案限制了中央情报局（CIA）和国防部（DoD）在国外冲突中采取的行动。

该修正案是专门针对尼加拉瓜的，在那里，反共的反政府武装正在与桑地诺阵线政府作战。里根曾将康特拉斯叛军形容为与开国元勋在道德上旗鼓相当的人，但叛军的大部分资金都来自尼加拉瓜的可卡因贸易，因此国会通过了“博兰修正案”。尽管如此，总统还是指示他的国家安全顾问罗伯特·麦克法兰，不惜成本帮助康特拉斯贩毒集团。与此同时，中东两个地区大国伊拉克和伊朗卷入了一场冲突。伊朗支持的真主党恐怖分子在黎巴嫩劫持了七名美国人(外交官和私人承包商)作为人质。里根向他的顾问们发出了最后通牒:想方设法把这些人质带回家！ 1985年，总统国家安全事务助理麦克法兰告诉里根，伊朗曾就购买对伊拉克战争的武器与美国接触，但是当时美国因“伊朗人质危机”（52名美国人质被伊朗扣留444天）对伊朗实施贸易禁运。

虽然包括国务卿乔治·舒尔茨、国防部长温伯格在内的几名内阁成员都表示反对，但与伊朗进行武器交易不仅能确保人质的释放，还能改善美国与黎巴嫩的关系。此外，这笔军火交易将使中情局能够秘密地向尼加拉瓜的反政府武装输送资金。在总统国家安全事务助理麦克法兰和中央情报局局长威廉·凯西的支持下，里根不顾温伯格和舒尔茨的反对，推进了这项交易。1986年，北黎巴嫩报纸 *Al-Shiraa* 首次报道了美国和伊朗之间的武器交易。到那时，美国已经以 3000 万美元的价格向伊朗出售了 1500 枚导弹，七名人质中的三名也被释放，不过伊朗支持的恐怖组织后来又劫持了三名美国人质。里根最初否认曾与伊朗或恐怖分子谈判，一周后又收回了这一声明。与此同时，司法部长埃德温·米斯（Edwin Meese）对武器交易展开了调查，发现伊朗为这些武器支付的 3000 万美元中，约有 1800 万美元下落不明。就在那时，国家安全委员会（National Security Council）的中校奥利弗·诺斯（Oliver North）站出来承认，他曾将下落不明的 1800 万美元资金转移给尼加拉瓜的反政府武装，后者用这些资金获得武器。诺斯说，他是在总统国家安全事务助理约翰·波因德克斯特上将完全知情的情况下这么做的，他以为里根也知道。在里根余下的总统任期内，美国媒体一直在这个问题上纠缠不休。里根亲自任命的塔尔委员会（由得克萨斯州联邦参议员约翰·塔尔领导）对此事进行了调查，并得出结论，由于总统缺乏监管，使得他手下的工作人员自作主张将资金转移给对方。1987年，包括里根在内的丑闻主角在塔尔委员会举行的听证会上作证，听证会在全国播出。后来，独立检察官劳伦斯·沃尔什（Lawrence Walsh）对当时众所周知的“伊朗门事件”展开了为期八年的调查，总共有 14 人被指控，包括诺斯、波因德克斯特和麦克法兰。

里根本人没有被起诉。1992 年，时任美国总统、里根政府副总统乔治·布什事先赦免了温伯格。麦克法兰被控四项向国会隐瞒信息的轻罪，他被判处两年缓刑和罚款两万美元。诺斯被控 12 项与串谋和虚假陈述有关的罪名。虽然他在初审中被判有罪，但由于技术问题，上诉被驳回。此后，诺斯一直担任保守派作家、评论家、电视节目主持人和全国步枪协会会长。波因德克斯特一开始被控七项重罪，最后被控五项。他在四项指控中被判有罪，并被判处两年监禁，他的定罪后来被撤销。此外，四名中央情报局官员和五名政府承包商也受到起诉。尽管所有人都被判犯有密谋罪、伪证罪和欺诈罪，但只有一名私人承包商托马斯·克莱恩最终入狱。

尽管里根曾向选民承诺，他永远不会与恐怖分子谈判——他或他的下属在与伊朗进行武器交易时就这么做了——但这位连任两届的白宫主人在卸任时还是一位广受欢迎的总统。在几年后的采访中，负责调查“伊朗门事件”的特别检察官沃尔什说，里根“对国家利益的直觉是正确的”，并暗示总统可能由于健康状况不佳，难以记住丑闻的细节。里根本人在国会作证时也承认向伊朗出售武器是一个“错误”。然而，至少在他的支持者中，他的政治遗产依然完好无损，而“伊朗门事件”已经成为美国历史上一个经常被忽视的章节。

六、保守主义的春天

里根总统任内的八年无疑也是美国保守主义的春天。里根在某些方面的成就大于富兰克林·罗斯福。因为里根不仅恢复了美国人民对他们自己国家的信心，同时也以不战而胜的和平手段，彻底肢解了苏联和它所领导的苏东阵营。

里根的和蔼可亲以及与普通公民和世界领导人建立联系的能力，为他赢得了“伟大的沟通者”的绰号。通过他的讲话和行动，里根恢复了美国公众对总统办公室的信心。在他离任几十年后，里根的遗产仍然很强大。

里根的经济政策，例如减少政府支出和监管及减税，促使美国在 1982 年

11月到1990年7月长达92个月的时间里获得前所未有的经济繁荣，GDP增长了36%，就业岗位增加了2000万个，道琼斯工业平均指数增长了15%。

通过大规模减税，将税收从70%降至28%，里根帮助美国结束了20世纪70年代高通胀和高失业率的经济，证明了降低过高的税率可以刺激增长、增加经济活动并增加税收，政府所得税收入从1980年的2440亿美元增加到1989年的4460亿美元。

1983年4月，美国发布了一份关于国家教育系统的负面报告“处于危险中的国家”，之后里根总统在接下来的三年中将教育部的预算增加了60亿美元。在里根政府执政期间，国家教育援助增加了20%，即近350亿美元，占1988年所有教育来源收入的近50%。

里根通过敌对、反共的言论和大规模的军备集结以及熟练的外交与裁军相结合，结束了长达46年的冷战。1989年11月9日，距离他著名的勃兰登堡门演讲仅两年多，柏林墙倒塌。1991年12月15日，在与里根举行了四次双边峰会后，苏共中央总书记米哈伊尔·戈尔巴乔夫解散了苏联。

七、双面人生

里根一直在努力模仿自己崇拜的一位英雄的风格，他心目中的这位英雄就是民主党人富兰克林·D. 罗斯福总统。里根在公众场合看上去更像是一位很有雄心壮志的领袖，给人一种精力充沛、满怀信心、做事执着、意志坚定的感觉，他看上去就像是一个自信、执着并且决心要把国家引上正途的领导人。但实际上，里根在公众场合的表现主要源于他当演员的经历，而他的表演技巧则来源于他的童年经历。从表演自己的父亲不是酒鬼，到表演自己是富家子弟，再到表演自己是一位成熟的总统，里根的演技愈发炉火纯青，而里根的人生也注定要在持续更新的剧本中不断套上自我表演的外壳，这种表演才是他生命活力的出口。哪怕套上了美国总统的剧本，里根依旧真心诚意地按照导演的要求进行表演，所以公众看到的从来不是里根总统的本来面目，而是里根扮演的美国总统。

第七章　民主党总统克林顿

克林顿于 1946 年 8 月 19 日出生在阿肯色州，1979 年到 1982 年担任阿肯色州州长，1990 年被民主党选为全国委员会主席，1992 年当选为第 42 任美国总统，1996 年成功连任。克林顿是美国历史上仅次于罗斯福和肯尼迪的第三年轻的总统，也是首位出生于二战后的总统，他还创造了二战后美国总统离任最高支持率纪录（65% 的民意支持率）。

一、童年的梦魇与母爱的光辉

克林顿的出身和普通的美国人一样平凡，甚至他的童年比一般人还要更为不幸。他在自己的回忆录《我的生活》中用了八分之一的篇幅描述他与一个酗酒继父的生活。

不幸的童年通常会使人有荒唐的人生，家庭对人一生的影响通常是很大的，因为到目前为止，人类依然需要借助家庭，才能获得一个心灵安全感的环境。

克林顿出生于美国阿肯色州霍普镇一家叫朱莉娅·切斯特的医院，很不幸他是一个遗腹子。母亲弗吉尼亚·德尔·卡西迪给他起名叫威廉·杰斐逊·布利思三世。

克林顿的生父叫小威廉·杰斐逊·布利思，他是1943年在路易斯安那什里夫波特的一家医院与克林顿母亲结识的，因为他经常带着某种医疗器械到医院推销，于是认识了在此参加培训的克林顿母亲，两个月后他们就结婚了。二战时，克林顿的父亲离开家乡去了战场，在被美军占领的意大利的一个车辆调配场工作，修理吉普车和坦克。二战结束后，在芝加哥一家销售设备的公司当销售员。1946年5月17日，克林顿父亲开车离开芝加哥前往霍普镇去接克林顿的母亲，在芝加哥密苏里西克斯顿附近的60号公路，因轿车的前胎忽然爆胎，轿车失去了控制，他的父亲被从车上甩出掉入一条排水沟里溺水身亡，年仅28岁。此时他和克林顿的母亲结婚仅两年零八个月，一同生活仅七个月。

父亲的不幸影响了克林顿的一生。后来他自己回忆说，我一直急切地想填补这段空白，我渴望找到每一张照片、每一个故事，甚至是一片碎纸，从而让我对赋予我生命的亲生父亲有更多的了解。他说，在12岁时，有一次坐在叔叔巴迪家的走廊，这时一个人走上台阶看着他问："你是比尔·布利思的儿子吗？你看上去长得很像他。"就这么一句话让他高兴了好几天。

克林顿说："1993 年在我当选美国总统后，《华盛顿邮报》刊登过一篇很长的报道，内容是关于我父亲的故事。报道证实了我和母亲所知道的事情，也披露了许多我们不知道的事。比如我父亲在与母亲相识前已经结过三次婚，而且他除了克林顿之外至少还有两个孩子。其中一个叫利昂·里特泽塔勒，一直住在北加州，在我 1992 年大选时曾给我写过信，后来我与他取得了联系。在我任总统期间，我在北加州见到了利昂和他的妻子茱迪，我与利昂看起来很像。我父亲的女儿叫莎伦·佩迪琼，1941 年出生于堪萨斯市，她的母亲与我父亲很快就离婚了，随后才认识了我母亲，但我从未见过这位同父异母的姐姐。"

克林顿深信他的父亲是母亲一生的最爱，而且母亲也确信父亲深爱着她。

1994 年克林顿在参加诺曼底登陆 50 周年庆典活动时，突然在一张报纸上看到了他父亲作战记录的报道，报道中配发了一张他的父亲身着军服的照片。一名叫乌姆伯托的男爵写了一封信给克林顿，说在美军进入意大利时，他自己还是个青年，在他家旁边的军营，有一名士兵对他尤其好，而乌姆伯托当时只知道那名士兵叫比尔。二战结束后，乌姆伯托男爵来到美国，受那名善待自己士兵的启发，在美国开设了一家汽车修理场。他说他取得了这么大的成功，主要归功于那个年轻的士兵。在今年的阵亡将士纪念日的早上，从《纽约每日新闻》的左边靠下的地方，乌姆伯托居然发现了一张比尔的照片！"我激动不已，原来比尔竟然是美国总统的父亲！"

克林顿的童年是非常不幸的，他的母亲弗吉尼亚为了能养活克林顿，只好独自一人前往新奥尔良谋生，所以只能将克林顿留在了开杂货店的克林顿外祖父母身边。1950 年，克林顿的母亲从护士学校毕业又回到了霍普，也就是这一年，克林顿的母亲为生计所迫下嫁给了嗜酒成性的汽车销售商罗杰·克林顿，这是克林顿母亲的第二次婚姻。此后，克林顿由母亲和这位继父共同抚养至 15 岁。

克林顿的童年是在一个暴力家庭中度过的。他继父不仅是一个酒鬼而且是一个赌徒，喝醉之后经常虐待克林顿的母亲，和他同母异父的兄弟小罗杰于 1956 年出生。1962 年 4 月，克林顿母亲与克林顿的继父正式离婚了。

克林顿的妈妈是一位值得尊重的女人，因为弗吉尼亚成为寡妇时年仅 23 岁。丈夫过世后，为了维持生计，弗吉尼亚只能一边工作，一边读护士学校，最后她如愿以偿地成为一名麻醉师。年纪轻轻就失去了丈夫，还要独自抚养孩子，弗吉尼亚没有每日以泪洗面，从此一蹶不振，而是以坚强而乐观的态度感染和影响着克林顿每一个举动和想法，即便她要独自面对狼藉的生活和暴躁的丈夫。

克林顿 17 岁那年，很幸运地得到了肯尼迪总统的接见，并有了那张著名的握手照片。回家后，克林顿便迫不及待地向母亲描述了整个会见过程，并表示他将来一定要竞选美国总统。

弗吉尼亚没有嘲笑和轻视他，而是郑重地告诉克林顿："孩子，我相信你能行。现在对你来说，也许正是实现这个梦想的最好时机。"母亲的鼓励和肯定，给了克林顿向着梦想迈进的自信和勇气。

在克林顿的心里，他母亲的形象是立体的，她会和他探讨与种族歧视相关的社会性问题，也会不着调地带着他去夜总会学吹萨克斯管。一会儿是不断克服困难、乐观向上的坚强女性，一会儿又是趴在老虎机上拉操纵杆、流连于娱乐场所的赌博大妈。

克林顿的母亲弗吉尼亚是一个十分有远见的人。她没有让克林顿选择花销少一点的阿肯色大学，而是将他送进了人才济济的乔治敦大学。正是在乔治敦大学，克林顿完成了他人生当中一个重要的跳跃，积极参加学校活动，勇于表现自己，大学生活如鱼得水，并积累了广泛人脉。

在克林顿步入政坛之前，弗吉尼亚就一直鼓励他努力寻求自己想要的目标。当克林顿确认了人生的目标后，她更是不遗余力地支持他。自克林顿 28 岁第一次参选国会议员时开始，弗吉尼亚来就一直陪伴左右，她没有缺席过儿子的任何一次选举，她甚至亲自上台，宣读提名克林顿的选票。弗吉尼亚说，“她不仅仅是一个母亲和保护者，还是儿子生活中的一个伙伴”。克林顿在初选胜利后的演说中说：“你们想知道我是从哪里获得战斗精神的吗？一切都源自我的母亲。”

1978 年，32 岁的克林顿成功当选为阿肯色州州长，也成为全美最年轻的州长。然而，1980 年本该连任的克林顿，却在第一任期届满后连任失败，当时的他心灰意冷，但弗吉尼亚在关键时刻给他鼓励。于是在竞选失败两年后，1982 年克林顿再度当选为阿肯色州州长，并成功连任。他说：“母亲教导我永远不要放弃，不要屈服，不要停止微笑。”

此后克林顿的仕途一片光明，但弗吉尼亚自己却没有这样的好运气。不论命运如何苛待她，弗吉尼亚始终保持着乐观向上的心态。她说“在我的头脑里，我构造了一个密封的盒子。我把我愿意想到的东西放在那里面，其他的东西放在外面。盒子里面是白色的，外面是黑色的；里面是爱、友谊和乐观，外面是消极的、悲观的东西，还有对我及我所有东西的批评。”

她的第三任丈夫是一个理发师，他与弗吉尼亚一起只生活了五年，便因糖尿病去世。弗吉尼亚 59 岁时嫁给了她的第四任丈夫，但就在大家以为弗吉尼亚能够在第四任丈夫的陪伴下安度晚年时，弗吉尼亚被确诊为乳腺癌。

她的一生曾遭遇过很多不幸，亲人的离世，第二任丈夫的虐待，这些她都坚强地挺了过去，但只有一样东西她没能战胜，那就是癌症。由于癌细胞快速扩散，她做了乳房切除术。虽然满身病痛，但她坚信自己的病能好，因此她仍一如既往地投入支持儿子竞选总统的工作中。她毫不怯懦地出现在公众面前，谈论一些有趣的事情；她希望能够为儿子的政治道路奉献自己的一份力量。终于，弗吉尼亚亲眼见证了自己的儿子成为美国最年轻的总统。她是第六位目睹儿子就职典礼的母亲，也是第六位在儿子当选时还在世的母亲。在克林顿的就职典礼上，她盛装打扮，虽然抛弃了平日里喜爱的鲜亮色彩，换上了一身低调高贵的黑色，但她眼里始终都闪烁着无与伦比的自豪光芒。其实早在 1992 年，弗吉尼亚体内的癌细胞就已经扩散到颅骨和腿骨，她对医生说：“告诉比尔，我没事。”她不想影响儿子挑战当时的在任总统乔治·布什。

在跟癌症斗争四年后，1994 年，71 岁的弗吉妮娅被病魔夺去了生命。从那之后，白宫的生活区里摆满了弗吉尼亚的照片。因为这些照片，会让克林顿回忆起当初和母亲相依为命的那些时光。虽然小时候糟糕的家庭环境给克林顿的心理带来了一些消极影响，但母亲身上坚强且不服输的精神，无疑是指引克林顿成为美国总统的明灯。

二、大女人和小男人

自控的希拉里是失控的克林顿的绝配。希拉里·黛安·罗德姆·克林顿，美国律师、民主党政治家，第 67 任美国国务卿，纽约州前联邦参议员，美国前第一夫人。她叱咤风云，作风老辣，长期活跃在美国政坛。

1947 年 10 月 26 日，希拉里出生于一个普通中产家庭。她的父亲休·罗德姆是一个“脾气暴躁、郁郁不得志的男人”，他总是毫不留情地对孩子们冷嘲热讽、蓄意贬低他们。希拉里说，自己的一生都未能摆脱童年阴影，她从来都毫不掩饰自己对父亲的不满。

老罗德姆在二战期间和克林顿的亲生父亲一样也有过从军经历。在有了家庭和子女之后，他把那套严苛的军事化管理复制到了家里。在战后的美国，罗德姆家中却好像中世纪的专制帝国。老罗德姆是家里的君王，他要求自己拥有绝对的权威，容不得质疑和反抗，任何挑战的企图都会被他的咆哮撕成碎片。例如，如果孩子们忘记拧上牙膏盖子，他会毫不手软地把盖子从窗口扔出去，然后命令孩子去冬青树丛中把它捡回来，哪怕下着大雪的芝加哥夜晚冷得吓人。他喜欢坐在客厅里的长沙发椅上，对家里每一个人厉声发号施令，肆意诋毁和贬低孩子的表现。

幸好希拉里的母亲是个温柔、善良的人，她总是抱着大哭的孩子轻声安慰，才让他们的童年有了一丝温暖。也正是因为希拉里母亲的懦弱，使她完全不敢质疑或反抗丈夫的权威，老罗德姆才敢经常当着孩子们的面嘲笑和侮辱他们的母亲。

即使到了成年后，希拉里在回忆童年时仍然痛苦不堪。她说，当她爸爸发脾气的时候，自己只能瑟瑟发抖地蜷缩在角落里。所有去过罗德姆家的人都能够感受到一种病态的压抑。因为老罗德姆坚信，只要有纪律、勤奋和适当的鼓励，再加上充分的家庭、学校和宗教教育，孩子就能够实现任何梦想。于是他告诉孩子们："这是个艰难的世界，如果你想成功，就得做到最好。"

希拉里从小就拼命学习，因为她太想得到父亲的认可。可是当她每次拿着全 A 的成绩单回家时，老罗德姆仍只是冷冷地说："考那么好是因为试题太简单了！"当成绩单上出现一个 B 时，老罗德姆就会咆哮着怒斥："A 呢！为什么没有得 A！"罗德姆的子女不敢得 C，否则他们真的会被打死。有一年，老罗德姆去宾州看大儿子打橄榄球，小伙子连续过人打 11 个球得了 10 分，全场喝彩，结果罗德姆只冷冷地说："那一个球为什么没进？"所以在这个家里，希拉里姐弟三人无论怎么努力，都从来没有得到过老罗德姆的一个赞许。而且，老罗德姆时时刻刻会毫不掩饰地流露出对孩子的失望和厌恶，这让姐弟三人觉得无地自容。

不仅如此，老罗德姆在物质方面对孩子们也十分苛刻。希拉里姐弟从小被要求干各种家务，但生活极其清简，几乎从没在外面吃过饭，冬天的夜晚也不能开着空调睡觉，长到十几岁才第一次吃上了麦当劳。家里的房子从不雇人定期修缮，挨不过去的时候，他就命令两个儿子去修修补补。为了买一件毕业舞会的新衣服，希拉里必须提前一个月和父亲商量，而且必须说清楚为什么要买，为什么要花这么多钱，同款衣服是什么价格，等等。

老罗德姆一旦他发现女儿某次考试成绩没有达到全A，便会瞬间翻脸，并会以更大的辱骂和打击来作为惩罚。已经算是的学霸希拉里尚且如此，她那两个天资一般、性格又不够强韧的弟弟就只有一贯被打击和被轻视的份了。

长期的打击使希拉里有了坚毅的性格，且慢慢地向着她父亲要求的方向发展。她在学校的各科成绩几乎都是A，但她仍然为了全校第一拼命学习，因为只有那样父亲才可能会满意。她明明没有运动天赋，却要加入女子垒球队，因为那是父亲的希望。她像一个女版西西弗斯，一门心思往前奔，只为了一个不可能达成的目标。

因成绩优秀，希拉里从耶鲁法学院一毕业，就受邀参与弹劾当时的美国总统尼克松，并成为著名的罗斯律师事务所（Rose Law Firm）的第一位女性合伙人。

但当希拉里成为政治家后，原生家庭赋予她的性格底色却越来越被人们诟病，并成为她从政生涯里绕不开的致命伤疤，因为她身上总是有一种疏离感，缺乏一个总统所必备的人格魅力。或许在希拉里的潜意识中，她永远只是那个为了达成父亲的愿望而拼命奔跑的小女孩。

2016年，当特朗普在宾夕法尼亚等关键摇摆州获胜的消息传来，希拉里仍然坚持再战。奥巴马深夜致电劝她：“你需要承认败选。迟迟不肯接受不可避免的结果有什么意义？”奥巴马之所以给希拉里打这个电话，是基于上次选战中对希拉里性格的了解——不顾大局，不愿接受失败。

后来希拉里在败选后写的《何以致败》一书中，承认了自己在竞选中犯的错误，但随后便把责任推给了政敌、同僚，完全是一副“误我者天下人”的态度。她找了各种各样的理由来解释自己的败选，却始终没有意识到主要是自身的问题。专制的父亲造就了无法接受失败的女儿。之所以她不能接受失败，是因为她父亲不允许她失败，在她的潜意识里她的一生都在为父亲而奋斗。

无法接受失败的性格，使希拉里再也没有参加过律师资格考试，原因是她研究生毕业后，踌躇满志的希拉里在工作期间抽时间参加了华盛顿地区的律师资格考试，但出人意料的是她失败了，成了 871 名报名者中的 320 名落败者之一，而落败者中大多数人来自名气远不如耶鲁的学校。在随后的30年中，希拉里一直保守着考试失利的秘密，再也没有参加过律师资格考试。

在父亲罗德姆不断的贬低和打击下，希拉里的弟弟们早早放弃了努力。父亲的逼迫，在两个儿子身上完全起了反作用。希拉里的二弟托尼对自己一点都没有信心，对于父亲灌输到脑袋里的出人头地那一套，他始终觉得自己做不到，他接连上了两个大学都中途辍学。另外一个弟弟小休也只读了一个普通大学，毕业后跟随姐姐脚步进入法律界，在迈阿密政府机构当辩护助理。没有出人头地的本事，在老父亲多年来的教育理念引导下，两兄弟却不乏出人头地的野心，随着姐夫克林顿成功当选总统，两位弟弟立刻开启了“实力坑姐”模式。

此后克林顿夫妇政治生涯里的信用污点，乃至希拉里此后竞选总统屡战屡败，有相当一部分原因都是受到了他们的牵连。

1994 年，大学都没有毕业，做过监狱看守、私人侦探的托尼在克林顿夫妇的大力撮合下，迎娶了民主党资深参议员芭芭拉·博克瑟的女儿妮可·博特纳。两人的婚礼在白宫举行，第一女儿做他们的伴娘。只是这段强扶起来的婚姻注定走不远。妮可后来成为艾美奖最佳纪录片的制片人，托尼则一直在姐夫的羽翼下干着不靠谱的事，跟姐夫打打球，帮着在选区打打杂。最后还是克林顿让自己的好朋友麦考利夫给了他一份年薪 7.2 万美元的工作。

2010 年，海地发生强烈地震，克林顿基金会参与灾后重建，托尼又一次从中嗅到了金钱的味道。他向姐夫施压希望从克林顿基金会弄到钱，在海地重建房屋。尽管此事最终没有得到克林顿的同意，却为克林顿基金会的信用破产埋下了伏笔。共和党一直将托尼与克林顿的个人财务问题联系在一起，并声称“托尼·罗德姆在现实中常使用家族名字来为有争议的商业协议背书”。

希拉里从政之路的另一块绊脚石是她的另一个弟弟小休。小休也曾经想涉足政坛，1994 年，在克林顿总统的第一个任期内，他竞选过代表佛罗里达州的联邦参议员，结果当然是惨败。正道行不通，他转而捞起了偏门。据媒体报道，他曾从两名被克林顿赦免的罪犯处接受了 40 万美元的资金。克林顿的老朋友安·麦科伊（Ann McCoy）说：“当人们都穿戴得体来用晚餐时，休会摇摇晃晃地穿着他的短袖赴宴。”

作为长姐的希拉里对弟弟的宠溺又换来了什么呢？托尼有一次对媒体说：“我姐姐冷酷无情。”姐姐从小到大的优秀和父亲的区别对待始终是他们心里的一根刺。他们说：“父亲认为她是个完美的孩子，她就像小公主，被他捧在手心里宠爱。”所以他们兄弟俩对希拉里这个姐姐妒忌多于爱。

老罗德姆用赏罚管束而压制自由的教育方式，彻底摧毁了他的两个儿子，也让女儿希拉里的人生陷入两个极端。一方面不停地追求成功更成功，另一方面，她内心中有一个巨大的空洞，使她无法向内寻求力量，无法全然地信任自己的感觉和判断，只能永远向外寻求答案。

严苛的教育方式或许能让少数孩子功成名就，但把暴击当作鼓励，给爱设置高门槛的父亲，多数会毁掉孩子。

希拉里是一个“训练有素、最严格自律又最有控制欲的女人”，而克林顿骨子里则是一个缺乏纪律，且又渴望被一个强大女人控制的“小男孩”。

尽管希拉里早就知道克林顿有到处留情的毛病，但她仍无法自制地爱上了他，因为克林顿是她“井然有序的理智世界中的不可控因素”。这句话的意思是，不能自控的克林顿是严格自律的希拉里的绝配。希拉里僵硬的理智世界中需要克林顿提供丰富的感性刺激，希拉里渴望一个才华横溢的浪子。和所有被父母严格控制的孩子一样，希拉里也渴望与父亲对着干，那样才意味着她不是父亲意志的产物。但是她自己做不到这一点，于是她就爱上了克林顿这样的男人，也就是她自己的“理想自我”。

实际上，希拉里一直有意无意地扮演着克林顿妈妈的角色。在日常生活中，克林顿每天都需要妻子情感上的支持。无论做什么，他都把她当作是永远可以让他依靠的、坚不可摧的直布罗陀岩石。希拉里是锚，克林顿是帆；希拉里是现实主义者，克林顿是梦想家；希拉里是战略家，克林顿是战术家。克林顿依赖希拉里，希拉里控制着克林顿的一切，唯独女人除外。但惹恼希拉里的并不是克林顿不断出轨，这在希拉里刚开始和克林顿交往时就做好了准备，令她懊恼的是，她根本无法预料克林顿会惹出什么样的麻烦。这是克林顿夫妇潜意识上的“双重奏”，如果克林顿在保持才华的同时变得自律，希拉里就会丧失快乐，因为太自控的她需要一个不自控的人来平衡，既然克林顿的大多数领域都处在她控制之下，那么克林顿能搅动她的就只剩下女人了。

主导希拉里的是“超我”，主导克林顿的是“本我”。“超我”太强意味着一个人离自己的内心太远；而对于一个“本我”太强的人，当人们和他交往时也许会讨厌他、反感他，但和他在一起时，很容易被他感染。这就是克林顿和希拉里。克林顿可以感染接近他的每一个人，据说他能在两个小时内让任何一个人对他产生强烈的好感，而希拉里尽管可以赢得别人的尊敬，并与对方建立利益联盟，但和她长期共事的人最后都会怀疑她的真心。

希拉里20岁以后便决心从心理上与父亲决裂，坚决地“走自己的人生”，但是这种决裂不会是彻底的，专制父亲的影响会贯穿希拉里的一生。而政治领域，或许最适合她的角色就是第二，这是“超我”太强的人在选举政治中的宿命。

三、完美是一种罪恶

1998年，虽然克林顿与美国独立检察官斯塔尔荣膺《时代》年度人物，但克林顿执政期间发生的与他有直接关联的“拉链门”事件，和他有一定关联的“旅行门”事件、“白水门”事件，都对他的历史地位产生了一定程度上的负面影响。

1998年9月13日，美国独立检察官斯塔尔向世界公布了一个调查报告。这份报告长达400页，共有150万字，除了列举克林顿作伪证、影响证人、妨害司法、滥用职权四大罪名，以及11项应该被弹劾的详细罪状外，对克林顿与白宫前实习生莱温斯基的绯闻进行了描述。一个堂堂的在任美国总统竟然因这样的性丑闻遭到检察官的弹劾，对于克林顿来说无异于晴天霹雳。

1995年6月，刚从Lewis & Clark学院本科毕业的21岁女学生莱温斯基，在白宫找到了一份无薪实习的职位。因为工作关系，她经常出入白宫，遇见当时的美国总统克林顿也是在情理之中的事。然而谁都没料到的是，两人在一次公开场合相遇之后，私底下便开始有了往来，后来两人越来越亲密。

1995年11月，莱温斯基和克林顿有了第一次“特殊关系”，同年12月，莱温斯基被调到白宫法务办公室，主要负责把议员的信递交到白宫椭圆形办公室，也就是总统克林顿的办公地点，有了这样的便利两人开始经常在椭圆形办公室幽会。

事实证明，地位的距离不能阻止莱温斯基和克林顿像无数普通的偷情男女一样，开始见缝插针找各种理由见幽会。从1995年到1997年，长达两年的时间里，克林顿和莱温斯基前后偷情十次，其中有七次是克林顿妻子希拉里还在白宫的时候。

离开白宫后的莱温斯基，把自己和克林顿的秘密告诉了在五角大楼的同事特里普。1997年9月的一天，她在和特里普的电话聊天中又一次谈到了克林顿，她不知道的是，这次的通话已经被她无比信任的好同事特里普偷偷录了音。特里普当时虽然做了录音，但还没有打算把这事儿捅出去。但不久后，一场原本毫不相关的案件，让莱温斯基和克林顿的绯闻意外曝了光。

起因是1997年年底，一位叫琼斯的女士控告克林顿曾经对她进行性骚扰，琼斯的律师开始四处搜集总统拈花惹草的证据，想借此证明克林顿生性好色，最终调查到了莱温斯基这里。1998年1月，莱温斯基递交了书面证词，声称自己和总统没有任何“不正当关系”。但在递交了书面证词之后，莱温斯基突然想起，知晓自己和克林顿秘密的还有她国防部的同事特里普，害怕事情败露的莱温斯基赶紧找到特里普，要她帮自己圆这个谎。然而，没想到的是，特里普因为害怕自己担上“作伪证”的重罪。所以，她把当初录下来的自己和莱温斯基的谈话录音全部交给了独立检察官斯塔尔，于是斯塔尔立刻启动了对总统“桃色绯闻”的调查，因而使“莱温斯基绯闻案”彻底曝光。

美国总统和年轻白宫实习生有染，一时间全美上下乃至全世界议论纷纷，主流媒体、大报小报开始连篇累牍报道。1998年1月26日，克林顿为此召开新闻发布会正式回应“绯闻事件”，但诡异的是，克林顿的妻子希拉里一起出席了新闻发布会。

在镜头前，克林顿当着全国观众的面肯定地说道：“当着全美国人民的面，我要重申，我和那个女人，莱温斯基小姐，没有任何不正当关系！”但克林顿和希拉里不知道的是，此时美国联邦调查局探员和部分检察官已经掌握了很多证据，除了之前特里普提供的自己和莱温斯基通话的录音带，还有莱温斯基自己详细记录的日记。而最关键的证据是一件沾有克林顿 DNA 的蓝色洋装，莱温斯基原本想把它留作纪念，却没想到成为这个事件的铁证。

所以，执法部门告诉莱温斯基，只要她提供指控克林顿的证词，便不会起诉她，所以莱温斯基便将所有真相和盘托出了，于是检方正式对克林顿提出了起诉。在巨大压力下，1998 年 8 月 17 日，克林顿再次参加电视直播，对全国发表讲话，公开向美国人民道歉，承认了自己和莱温斯基有不正当关系。由于克林顿在此前的公开讲话中撒谎，共和党人指控他犯下了伪证罪，并对他进行了弹劾，克林顿不幸成为美国历史上第三位被弹劾的总统。

按照美国宪法规定，对总统的控罪要在参议院进行审判，由最高法院首席大法官担任主审，全部参议员作为陪审团，众议院则派出 15 名众议员担任检察官。如果有三分之二的参议员投赞成票，指控罪才能成立，而此次对克林顿的弹劾，投赞成票的参议员没有过半，所以到 1998 年 9 月，长达两年的“莱温斯基绯闻案”才画上了一个句号。虽然克林顿得以继续执政，但绯闻事件带给莱温斯基的影响却远没有结束。在这件事过去近 20 年后，莱温斯基在一场演讲中讲道，她因“错误地爱上了自己的老板”而遭遇了“一场草率的道德审判”，作为当时 22 岁的年轻人，莱温斯基被要求“在独立检察官办公室嗡嗡作响的荧光灯下听着录音带里被偷偷录下来的自己的声音”，并且，这些私下的言语、行为、对话和照片“以没有征得同意、没有来龙去脉、不带丝毫同理心的方式被公开”，她因此成为“第一个在全球范围内瞬间失去个人声誉的人”，遭受欺凌和辱骂，也因此差点放弃生命。

在克林顿总统执政的八年间，美国经历了历史上和平时期持续最长的经济发展。在美国在线 2005 年举办的票选活动《最伟大的美国人》中，克林顿名列美国最伟大的人物第七位。

在克林顿执政期间，美国没有受到战争的困扰，经济空前繁荣，华尔街三大股指屡创新高，因此，克林顿执政的八年被誉为黄金八年。

理论上，克林顿经济学是凯恩斯主义、货币主义、供给学派和理性预期学派的混合物。克林顿经济学既反对完全自由放任的市场经济，又反对政府的过度干预。用他自己的话讲，“我们将走第三条道路”。

克林顿推行的“克林顿振兴计划”对美国经济的振兴起到了积极的作用。经济振兴计划分短期方案和长期方案两个部分，短期计划着眼于刺激经济和扩大就业，主要针对当时 7.1% 的失业率，具体措施包括：第一，投资税收信贷 64 亿美元，回溯至 1992 年 12 月 3 日生效，旨在刺激投资；第二，提供减免税收 150 亿美元的优惠，以刺激企业投资于固定资产，此贷款项虽然较之国内生产总值的 5 万亿只是区区小数，但短期内可创造 50 万个就业机会。美国民众对失业问题看得很重，50 万个就业机会虽然对 900 万失业大军来说是杯水车薪，但克林顿此举在一定程度上缓解了就业压力。

克林顿认为美国经济不振的主要症结在于连年高额财政赤字，为此他推出长期计划，核心内容是通过增税减少联邦预算赤字。增税项目包括：年收入 18 万美元以上者，个人所得税率由 31% 提高到 36%；年收入 25 万美元以上者，另征 10% 的附税；所征新税的 70% 由年收入 10 万美元以上者承担；公司最高税率由 34% 提高到 36%；全面增收能源税，第一年对每桶原油征税 1.16 美元，到第三年增至 3.47 美元，合计能源税约为 714 亿美元。

在任期间，克林顿还进行了一系列教育改革，首先制定国家教育标准，然后又提出了发展特许学校、开展阅读运动、普及大学教育等主张。克林顿执政期间的教育政策具有强调全民教育、突出教育均衡、注重教育质量、重视技术教育等八个特点，在提升教育质量、扩大教育选择权、增进家长参与等方面取得一定成效，但也存在部分目标制定不合理、教育发展后劲不足、教育差异依然明显等问题。

克林顿总统在第二个任期内更加注重环境保护。1997 年《京都议定书》在日本京都通过，克林顿在副总统艾伯特·戈尔的支持下，于 1998 年 3 月签署了《京都议定书》。

克林顿还推动医保改革。医疗健保改革的目标是要让全民都享有健康保险和医疗服务，但要达到这个目标十分困难。从其他国家和地区的实践结果来看，全民医保计划很难有改革成功者。例如，加拿大的全民医保制度强调价格控制，结果加拿大的医疗界几乎没有新药研发，最先进的医疗科技在加拿大无法推广，有经济能力负担的加拿大人必须南下美国寻求医疗服务。

克林顿委派了同样在政治上雄心勃勃的希拉里牵头负责策划医保改革。虽然当时民主党掌握了国会参众两院和白宫，但由于医保改革牵涉盘根错节、千丝万缕的利益得失，所以最后提出的医保改革法案连民主党的一些议员都不支持。最终不仅导致整个改革计划完全失败，其引发的社会反弹还拖累了民主党在 1994 年的中期选举。民主党丧失了参众两院的多数席位，共和党人纽特·金里奇成为众议院议长，克林顿的内外政策在国会受到巨大的牵制。

早逝的父亲、酗酒暴力的继父和颠沛流离的童年对克林顿来说是不幸的，但他也是幸运的，他的母亲在狼藉的生活中守护了克林顿向梦想迈进的自信和勇气，克林顿因此有着走向美国总统之位的强大精神后盾。然而，这也注定克林顿的生命中始终离不开女性角色的参与，自律的希拉里如此，年轻的莱温斯基亦如是。克林顿总统生涯的功与过，都可以从他的童年经历中窥见端倪。

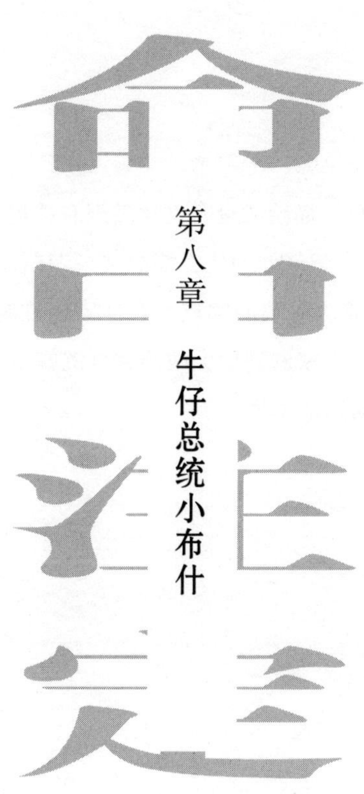

第八章 牛仔总统小布什

很多媒体将小布什描绘成没有文化甚至有些粗鲁的人，这当然是一种误导，否则就无法解释他为什么能继父亲老布什后当选美国总统。作为美国历史上最成功的政治家族，布什家族在短短100年间就完成了从俄亥俄州的工人家庭到顶尖政治家庭的蝶变，这其中也折射出了美国金钱与权力勾连的本质。

一、不平凡的履历

乔治·沃克·布什于1946年7月6日出生在康涅狄格州的纽黑文，是老布什总统的长子，两岁时随父母搬到得克萨斯州，并在休斯敦同四个兄弟姐妹度过了快乐的童年。

1964年,18岁的小布什考入耶鲁大学历史学专业,并成为耶鲁大学里最为著名的秘密社团——骷髅会中的一员。从大学时代起，小布什就参与了共和党的许多竞选活动，包括老布什1964年和1970年参加的得克萨斯州参议员竞选。

1968年，小布什从耶鲁大学毕业。毕业后他加入美国空军国民警卫队，成为艾灵顿空军基地一名F-102战斗机的飞行员。服役期间，两次获得晋升，从少尉晋升为中尉。

1973年9月，小布什提前半年结束为期六年的兵役生涯，开始攻读哈佛大学商学院的MBA课程，并于1975年获得学位。1976年9月4日，在缅因州因酒后驾车被捕，驾照被吊销两年。1978年，竞选得克萨斯州众议员失败。

1985年，小布什成立了自己的公司——阿布斯托能源公司（Arbusto Energy）。1988年，小布什举家搬到华盛顿市，协助父亲竞选总统。1989年，他与另一位合伙人收购了得克萨斯“游骑兵”棒球队，并担任该球队总经理，直到1994年11月8日。

收购“游骑兵”棒球队增加了小布什的媒体曝光率和知名度，从而也帮助他赢得了公众和商业团体更多的支持。1994年11月8日，小布什成功赢得得克萨斯州州长竞选。1998年11月4日，他以69%的选票再次当选，成为该州首位连任两届的共和党州长。

2000年11月，小布什在美国总统选举中击败民主党候选人戈尔，当选美国历史上第43任（54届）总统。2001年1月20日，小布什宣誓就职，并正式入主白宫。2004年9月1日，美国共和党在纽约州全国代表大会上再次提名小布什为该党总统候选人；11月，小布什赢得连任，成为美国第55届总统。2009年1月20日，四年期满后小布什正式卸任总统。

二、世家子弟

小布什出身于政治世家。祖父普雷斯科特·布什（1895—1972年）是美国康涅狄格州参议员（1952—1963年）。父亲乔治·赫伯特·沃克·布什（1924—2018年）是美国第41任（第51届）总统，他和母亲芭芭拉·布什（1925—2018年）共育有五个孩子。杰布·布什（1953年—）是第43届佛罗里达州州长；尼尔·马伦·布什（1955年—）是银行家、石油商；马文·皮尔斯·布什（1956年—）是商人、投资顾问；妹妹是多萝西·沃克·布什·勒布朗德·科克（1959年—）；另外一个妹妹萝宾·布什三岁时死于白血病。

1977年，小布什认识了图书管理员劳拉·威尔士，对这位拥有温婉气质的姑娘一见钟情。两人恋爱三个月后，便在得克萨斯州中部结婚定居。

1981年，小布什夫妇迎来了一对双胞胎女儿詹娜·布什和芭芭拉·布什。

小布什体格健壮。在竞选得克萨斯州州长之前，47岁的小布什参加了休斯敦市马拉松比赛，并跑出了3：44：52的好成绩。从26岁开始小布什便坚持长跑，直到担任总统前，每周仍固定跑24—48公里。

三、父亲是儿子最好的榜样

2018年12月6日，小布什在父亲葬礼致悼词中这样写道：

“当他失败时，他承担了责任。他承认失败是完整人生的一部分，但告诉我们，永远不要让失败来定义你的人生。他向我们展示了挫折让人们更强大。”

“他教会了我们如何成为一个好父亲、好祖父和好曾祖父。他有自己坚信的原则，但当我们想寻求自己的方式时，他又无条件支持我们。他鼓励和安慰他人，但从未操纵过任何人。我们都挑战过他的耐心。每次我触及他的底线时，他都报之以无条件的爱。”

“父亲教导我们，公共服务是高尚和必要的，人们可以诚信服务，坚持信仰和家庭等重要价值观。他坚信回馈社会和国家十分重要，因为服务他人可以丰富给予者的灵魂。对我们来说，他是最亮的明灯。”

著名的心理学家格尔迪说：“父亲是一种独特的力量。”小布什从父亲身上体会到了一个男人的责任与担当。

小布什其实是个颇具魅力的人，成长于政治家庭中的他，在耶鲁大学读书时，是学校里有名的交际大王，身边总是围绕着许多朋友。据说在当时，耶鲁校园里的绝大多数人都成了他的朋友。小布什上任时，美国在经济、政治和国际声望上都达到了近十年来的新高。但事实上，小布什接手的美国已是一个烫手山芋。这时候的美国已经到了周期发展的巅峰，繁荣的泡沫掩盖了危机来袭前的暗流涌动。当周期性的调整和转型阵痛袭来，处于下降境况中的民众不明就里，只会将矛头对准当权者。而此时处于风口浪尖上的正是小布什，不仅仅是经济上和社会上的危机逐步显现，美国还面临恐怖主义威胁。

2001 年 1 月 20 日，小布什宣誓就任美国总统。这是布什家族第四次在白宫宣誓（老布什两次当选副总统，一次当选总统；小布什首次当选总统）。这四次宣誓的背后，崛起的是一个影响美国的家族——布什家族。从此，小布什和父亲老布什，成了继亚当斯父子之后，美国又一对“父子总统”。

四、布什王朝

“金钱是政治的摇篮”，布什家族的政治成就，自然离不开他们家族的财富。老布什的曾祖父就是制造业大亨，布什的祖母则出身于金融巨头之家，从老布什祖父开始，布什家族的产业已遍及石油、银行、军工领域。

布什家族连续三代均以扩充家族影响为己任。当然，家族中不是没有叛逆者，但结果不是被家族边缘化，就是“迷途知返”。小布什就是一个在青春期叛逆后“迷途知返”的例子。

有人说，小布什是在父亲老布什的荫蔽下成长起来的，小布什当年当选得克萨斯州州长，很多选民是看了老布什的面子才支持他的。也许有这方面的因素，但肯定不是决定性因素。虽然老布什是家族核心，但芭芭拉才是这个家族的灵魂。芭芭拉对外以慈祥的形象示人，为家族赢得了众多人心，对内则执掌大权，将儿孙调教得服服帖帖。小布什当上总统后，照样要按老妈的规矩，早上起来全家一起喝咖啡，照样挨老妈的训。至今，布什家族仍像一块大的磁铁，将家族成员牢牢地“吸”住。老布什祖母的娘家沃克家族，至今仍每年和布什家族聚会。

布什家族发端于小布什的曾祖父塞缪尔·布什，塞缪尔出生在美国东北部俄亥俄州首府哥伦布市。塞缪尔最初经营钢铁制造业，不久就发现了石油业的光明前景，于是迅速与洛克菲勒家族下的公司进行了合作。一战结束后，塞缪尔又与华尔街金融大亨沃克结成莫逆之交。1921 年 8 月，塞缪尔的儿子普雷斯科特与沃克的女儿多萝西结婚，成为布什家族史上的里程碑。沃克全名乔治·赫伯特·沃克，所以老布什全名为乔治·赫伯特·沃克·布什，小布什全名为乔治·沃克·布什。

塞缪尔的儿子普雷斯科特聪慧过人，婚后不久，便经营一家投资公司。二战爆发后，普雷斯科特便开始投资军工企业，从而使布什家族的财富迅速扩张。金钱滋养了普雷斯科特的政治雄心，也让他与艾森豪威尔总统建立了私交。1950 年，普雷斯科特竞选联邦参议员成功。

在普雷斯科特积极进取的同时，他的儿子老布什继承了父亲的头脑和智慧，也继承了父亲的远见。二战刚结束，他就放弃了在新英格兰的优越生活，带着新婚妻子到新崛起的石油大州得克萨斯创业。1951 年老布什创办了自己的石油公司，1966 年当选国会议员，之后当过中央情报局局长，1988 年入主白宫。

老布什和夫人芭芭拉本来有六个孩子，但长女波林夭折，所以只剩下的四子一女。长子小布什有一对双胞胎女儿；次子杰布有二子一女；三子尼尔有一女二子；四子马文有两个儿子；女儿多萝西有三子一女。

和小布什一样，布什的弟弟杰布・布什是共和党内的政治明星。1998 年，杰布当选佛罗里达州州长，2002 年再次当选，成为该州历史上第一位两次当选的共和党人。

小布什几个兄弟中，三弟尼尔・马伦・布什是布什家族中最不争气的那一个。四弟马文・皮尔斯・布什很少抛头露面，1998 年，马文担任了北弗吉尼亚一家投资公司“温斯顿合伙人集团”的经理。

在布什家族的下一代中，最耀眼的要算小布什的侄子，乔治・普雷斯科特・布什，“小小布什”的长相酷似拉丁歌王瑞奇・马丁。早在 2000 年共和党全国代表大会上，他的双语演讲就赢得大批年轻选民崇拜，他们已将他视作布什家族的“政治传人”。

乔治毕业于得克萨斯大学法学院，现在在美国一家律师事务所工作。从孩提时候起，乔治就一直沉浸在祖辈和父辈政治竞选的环境中。他曾说，自己最深刻的记忆就是站在一个“布什竞选总统”的广告气球旁，那年他才四岁。乔治成年后，连续参加了一系列小布什的总统竞选活动，凭借自身一半的拉美血统，为小布什争取拉丁族裔选民的选票。

2004 年 8 月 7 日，酷似瑞奇・马丁、有着贵族气质的乔治告别了单身，在缅因州肯纳邦克波特的家中，与相恋四年的大学同学结婚了，新娘叫阿曼达·威廉姆斯，是一名律师。乔治曾说，他也要像祖父、父亲和伯父那样走上美国政坛。

五、推行单边主义

任何一届美国政府，都将维持美国的强大和国际霸权地位视为自己的使命，但对于选择何种道路则有不同的侧重点：抑或选择多边主义，谋求在一个稳定的国际体系中维持霸权；抑或选择单边主义，通过遏制其他国家或加强自己的军事和经济实力走单极霸权之路。

小布什执政时期，美国相对实力下降，“9·11”事件带来的恶果，使得小布什政府开始奉行“共和党色彩的国际主义”路线。在国家安全策略和外交策略上遵循“美国利益至上”和“以实力求和平”两大原则，对于所谓的邪恶轴心国——支持恐怖主义和谋求核武器、大规模杀伤性武器的不友好国家，采取先发制人的打击政策；在全球地缘战略布局上，则采用具有进攻性的军事部署，用一种强硬和保守的态度追求和维护美国的国际霸权地位。

小布什的单边主义政策主要包括以下几个方面：第一，维护单极世界，谋求垄断金字塔的顶端；第二，积极打击和消除由恐怖主义导致的任何威胁，以消除论取代威慑论；第三，强调先发制人的战术思维；第四，扩大反恐的责任范围，要求其他国家在任何时候都应向美国作出主权让步；第五，国际体系的作用更加被忽视，甚至被直接无视；第六，强调大国独立完成任务的能力，认为联盟只有在特定情况下才有意义；第七，淡化国际稳定因素对维护国家利益的作用，认为绝对实力是保证国家安全的唯一途径。

攻打阿富汗、伊拉克的行为，正是小布什单边主义政策的具体实践。美国凭靠自身的军事力量称霸全球，正如美国军事学校所教的那样，美元做不到的事，士兵可以立即做到。

军事霸权的快速发展使美国，至少使美军高层，已经愈来愈想摆脱过去建立的政治文化制度，因为过去国际框架下的军事授权已不能满足美国如今先发制人的军事思想指导下的战略需要。

在小布什政府大力推动的所谓“民主改造”下，格鲁吉亚、乌克兰、吉尔吉斯斯坦相继发生了“颜色革命”，从而大大削弱了俄罗斯在该地区的军事影响与政治影响。小布什政府借用反恐之名发动了两场战争，正是这些战争大大削弱了俄罗斯在中东地区的影响力，迫使俄罗斯交出了中东地区的主导权，让美国得以加深对中东地区的控制，同时也进一步遏制了其他大国的发展。

对国际机构和国际制度，小布什政府采取一种功利主义和工具性的态度。

总统国家安全事务助理赖斯认为，美国以维护自身国家利益为目的，决不允许联合国干涉美国对外使用武力，美国必须自主决定何时、何地及以何种方式付诸军事手段。可见，联合国作为国际社会公认的维护国际和平与安全的重要国际机构，已被小布什政府边缘化。

2002 年，小布什政府强调加强国际合作，并在反对恐怖主义的纲领性文件——《国家反恐战略》中阐明了建立国际反恐联盟的重要性。然而，美国仍将联合国排除在反恐战线之外，企图建立一个由自己主导的“志愿者联盟”。此举不仅削弱了联合国在国际事务中的影响力，阻碍了国际政治新秩序的建立，也对其他国家构成了威胁。

小布什政府推行单边主义，看似是轻视国际制度，但其实正是对国际制度的重构。虽然小布什上台后经常置联合国于不顾，但其目的仍是最大程度上发挥和利用国际制度的价值，改造现有国际制度，加速建立符合美国国家利益的新国际制度。

相比于以前世界上的其他霸权，美国霸权最明显的特征其实是制度霸权。从一开始美国就试图创立一个机制或者机构来帮助美国管理世界。一个得到国际社会普遍接受的、运作良好的国际制度，可以将一个霸权国的压倒性实力转换成为一种较容易接受的软实力，或者内化成为国际社会的规则、模式或习惯。

作为世界上唯一的超级大国，美国在原有的国际制度中得到了许多利益，让美元成了美国向全世界收税的工具，让美国的民主意识散布到了世界的每一个角落，让美国能够从各种国际交往中谋取最大化的利益。这些利益的获得，确实离不开美国的强大实力做支撑，但制度可以让实力的发挥合理化、合法化，更容易被世界其他国家所接受。这些行动一方面给布什政府的行动带来了自由，加强了美国的军事竞争力；另一个方面，布什政府对国际制度的破坏，也损害了国际社会其他成员的制度利益。因为国际制度的创立、改造都是由全部国际行为体互相影响、共同构建的，其发挥的作用、产生的结果也会影响到整个国际社会。所以，如果某个国家破坏了国际制度，那么所有国家，包括破坏者都得为规范作用、制约作用和惯性作用下降的国际制度买单。

美国外交政策的目的，不仅仅是为了维护美国在国际政治、经济、军事、科技、文化各个方面的绝对优势，更是试图通过维护盟国安全，不断扩大其势力范围。所以美国希望将国际社会的各个领域与其他所有国家的内部事务统统纳入掌控，使美国成为国际社会的唯一霸主。布什政府正是通过不断地打压俄罗斯和中国，延伸自己的势力范围，它更希望通过制度将其势力范围合法化，使美国成为国际制度的制定者，成为国际制度的掌控者，以便更好地用制度来维护和延续美国的霸权。

国际制度虽能够反映出国际社会各个国家的力量对比，但是具有一定的滞后性。冷战后，国际安全环境好转，所以美国无法再在其传统势力范围内任意呼风唤雨。欧洲老牌资本主义国家的发展，对美国的经济地位形成了挑战，新兴经济体的迅速幅起，则对美国的霸权起到了牵制作用。这些力量的变换，其实都已经缓慢地渗透到国际制度之中，让国际制度发挥出更强的独立作用，使它们不再单单只是美国霸权的一个工具，而是成为国际社会维护和平与安全的共同工具。

当年美国创立国际组织、国际机构或者国际制度，本意其实是为自己服务，美国主导建立的国际制度，尤其是那些书面化的国际制度，都是美国文化价值观的体现，为美国在世界范围内实施霸权战略提供了许多制度上的便利。正是因为国际制度具有滞后性，所以美国在相对实力持续下降的状况下，希望通过塑造对自己更有利的国际制度，来为美国的霸权服务。

但一直以来，美国很多人对小布什总统的国际领导力很少有积极评价。民主党人希拉里就失望地称，由于小布什，美国“丧失了甚至最亲近的盟国和朋友的尊重、信任与信心”。她的依据是，单边主义外交风格损害了美国的政治影响力。单边主义已经成为最具有争议的对外政策问题。著名新保守主义者卡根（Robert Kagan）坦承，“大多数欧洲人认为，如果美国要谋求动用武力的国际合法性，它就必须避免采取‘单边行动’，而应该奉行‘多边主义’对外政策。”

前总统候选人麦凯恩指出，美国不能仅仅通过实力去发挥领导作用，而必须善于听取不同意见，他说，“无论是军事行动、经济行动，还是外交行动，都必须说服盟友，让他们相信我们是正确的。”

基辛格曾告诫说，美国的对外政策不能堕落到“自以为是的状态”，否则“必然削弱美国国际领导力的外交基础”。

进入21世纪后，“单极时刻”为崇奉新保守主义的小布什总统在外交上创造了有利的外部环境。美国著名学者扎卡利亚批评说，“在单极时代，不仅美国对外政策的本质发生了变化，而且行为风格也因此越来越帝国主义化和蛮不讲理了。当然美国政府也与外国领导人进行了大量的沟通，但都是单向的。美国进行此种沟通的目的，往往是向外国政府通报美国要采取的政策”，但美国也为此付出了巨大政治和外交代价，“美国这种行事风格使美国官员无法从国外同行的行为和智慧中受益”。

诺姆·乔姆斯基（Noam Chomsky）在2009年11月接受英国《卫报》采访时，抨击布什政府的对外政策俨然一副国际事务“主宰者”的架势。主宰者与领导者的根本区别在于是否有对他者的基本尊重。希拉里在阐述自己对外政策构想的文章中开篇便明确指出，“一个伟大的国家要领导他者，就得尊重他者”。实际上，美国如何在世界事务和国际政治中使用自己的超强实力已经成了一个国际社会普遍关心的“美国问题”。如果曾让欧洲人寝食难安的“德国问题”事关欧洲的和平和德国的国格魅力，那么今天全世界眼中的“美国问题”则关乎国际关系的基本规则和美国的国格魅力。2007年萨科齐当选总统后，曾直言不讳地向赖斯说，“请改善你们在世界上的形象”，“当最强大、最成功因而必然是我们领导的国家在世界上最不受欢迎的时候，我们的处境都将是困难的”。

六、改变世界的“9·11”事件

这是小布什任内改变美国乃至世界的一个重大事件。2001年9月11日上午（美国东部时间），19名恐怖分子劫持了四架东海岸的航班，其中三架飞机坠毁在纽约和首都华盛顿特区的目标上，第四架飞机在乘客反击后在宾夕法尼亚州撞上一片田野。这是历史上对美国本土造成的最致命的一次袭击。

基地组织领导的这次恐怖袭击促使小布什总统宣布了一场全球反恐行动，他呼吁世界各国领导人加入美国的应对行动。

“现在每个地区的每个国家都需要作出决定，”他在全国讲话中说，“要么你和我们在一起，要么你和恐怖分子在一起。”

2001 年 9 月 11 日凌晨，19 名劫机者在马萨诸塞州波士顿、新泽西州纽瓦克和华盛顿特区的机场通过安检。

7 点 59 分——美国航空公司 11 号航班，载有 81 名乘客和 11 名机组人员的波音 767，从波士顿洛根国际机场起飞，飞往洛杉矶国际机场。

8 点 14 分——美国联合航空公司 175 号航班，波音 767，载有 56 名乘客和 9 名机组人员，从波士顿洛根国际机场出发，前往洛杉矶国际机场。

8 点 14 分——11 号航班在马萨诸塞州中部被劫持。机上有 5 名劫机者。

8 点 20 分——美国航空公司 77 号航班，波音 757，载有 58 名乘客和 6 名机组人员，从华盛顿杜勒斯国际机场起飞，前往洛杉矶国际机场。

8 点 42 分——美国联合航空公司 93 号航班，波音 757，载有 37 名乘客和 7 名机组人员，从新泽西州纽瓦克国际机场起飞，飞往旧金山国际机场。

8 点 42 分——8 点 46 分——175 航班在新泽西州西北部上空被劫持。机上有 5 名劫机者。

8 点 46 分——11 号航班坠毁在 93 层和 99 层之间的世界贸易中心北塔（1 WTC）北面。机上 92 人全部遇难。

8 点 50 分—8 点 54 分——77 号航班在俄亥俄州南部上空被劫持。机上有 5 名劫机者。

9 点 03 分——175 号航班坠毁在 77 层和 85 层之间的世界贸易中心南塔（2 WTC）的南面。机上 65 人全部遇难。

9 点 28 分——93 号航班在俄亥俄州北部上空被劫持。机上有 4 名劫机者。

9 点 37 分——77 号航班坠毁在五角大楼的西侧。机上 64 人全部遇难。

9 点 45 分 ——美国宣布关闭领空；所有飞往美国的航班都被命令在最近

的机场降落。

9 点 59 分——世界贸易中心南塔在 175 号 航班撞击后 56 分钟倒塌。

10 点 03 分 ——93 号航班在宾夕法尼亚州萨默塞特县的一片空地上坠毁。机上 44 人全部遇难。

10 点 28 分——世界贸易中心北塔在 11 号航班撞击后 1 小时 42 分钟倒塌。两塔底部的万豪酒店也被摧毁。

10 点 50 分——五角大楼西侧的五层楼因火灾而倒塌。

在第一架飞机离开波士顿两个半小时后，标志性的“双子塔”在曼哈顿下城化为废墟。

“9·11” 事件共造成 2996 人丧生，其中包括四架飞机上的 19 名恐怖分子劫机者。纽约、华盛顿特区和宾夕法尼亚州有 78 个国家的公民死亡。

在世界贸易中心，两架飞机撞上双子塔后，有 2763 人丧生。这一数字包括 343 名消防员和护理人员、23 名纽约市警察和 37 名港务局警察，他们正在努力完成建筑物的疏散并拯救被困在较高楼层的办公室工作人员。

在五角大楼，有 189 人遇难，其中 64 人死于撞上大楼的美国航空公司 77 号航班。在 93 号航班上，飞机坠毁在宾夕法尼亚州，造成 44 人死亡。

调查人员确定 “9 · 11 ”事件是由恐怖分子精心策划的，由伊斯兰激进组织基地组织的领导人奥萨马 · 本 · 拉登领导。

2001 年 9 月 13 日，时任美国国务卿的鲍威尔召开新闻发布会，公开宣布本 · 拉登为制造“9 · 11”事件的头号嫌犯。9 月 14 日，美国众议院在授权小布什总统对恐怖分子使用武力。美国民意测验显示，当时美国民众中有 90% 的人支持美国对恐怖主义分子实施武力打击。

在 2001 年 9 月 20 日的讲话中，小布什总统要求塔利班将本 · 拉登和其他基地组织领导人送到美国。塔利班对此予以拒绝。

2001 年 10 月 7 日，美国和英国军队发起了“持久自由行动”，这是一场针对包括坎大哈、喀布尔和贾拉拉巴德在内的基地组织和塔利班目标的空袭行动，持续了五天后，地面部队紧随其后，在北方联盟部队的帮助下，美国在 11 月中旬迅速占领了包括首都喀布尔在内的塔利班据点。12 月 6 日，坎大哈陷落，这标志着塔利班在阿富汗的统治正式结束，随后基地组织和本 · 拉登逃离。2011 年 5 月 1 日，美国终于在巴基斯坦将本 · 拉登击毙。

“9 · 11”事件后，美国几乎所有人都支持将一切可以保卫美国的技术手段“神圣化”。民意调查显示，2001 年 8 月，支持政府尽快部署国家导弹防御系统（NMD）的人数约为 54%，而到 9 月 25 日这一数字升至 80% 以上。此外，美国朝野团结一致，共同将反恐作为国家安全首要目标。

“9 · 11”事件后，共和党政府成了“准战时政府”，当然它也确实也表现了出色的危机管理能力。

“9 · 11”事件后，不仅美国的盟友对美国表示了同情和支持，而且非盟友国家也表示支持美国打击恐怖主义。与此同时，美国也加强了与俄罗斯和中国的协调与合作。

“9 · 11”事件后，美国媒体和舆论界的政治倾向发生了明显的变化。过去以独立于政府、敢于批评国家政策为荣的媒体和舆论界“温顺”了许多。大量电视节目和新闻报道彰显爱国情操，美国舆论几乎“一边倒”。

当然，“9 · 11”事件还是给美国民众造成严重心理伤害，已经成为美国人永远挥之不去的心病。恐怖活动炸毁的“不仅仅是世贸中心和五角大楼的一部分，而是美国的平静和安全感”。

小布什发起的这场反恐战争持续了 20 年，跨越了四个美国总统，成为美国历史上最长的战争。到 2021 年 8 月，战争接近尾声，塔利班在美国准备从该地区撤军前两周重新掌权。在阿富汗战争期间，超过 3500 名盟军士兵阵亡，其中包括 2448 名美国军人，超过 20,000 名美国人受伤。布朗大学的研究表明，大约有 69,000 名阿富汗安全部队人员丧生，还有 51,000 名平民和 51,000 名武装分子丧生。据联合国统计，自 2012 年以来，约有 500 万阿富汗人因战争而流离失所，阿富汗因此成为世界第三大流离失所的国家。

出身政治世家，父亲曾任总统，家庭条件优渥，社交能力突出，“天选之子”小布什我行我素，由商入政终至权力之巅。当以自我为中心的总统遇上危机前夜的美国，单边主义便是必然结局。当单边主义遇上“9・11”事件，反恐战争的发起便是必然结局。一切，已经命中注定。

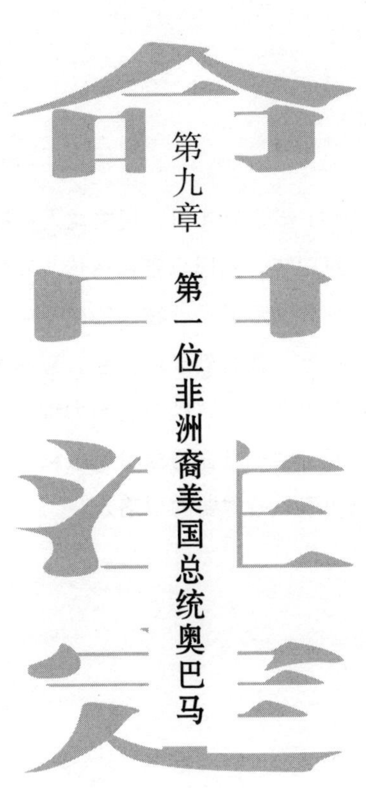

第九章 第一位非洲裔美国总统奥巴马

奥巴马出生于1961年8月4日，民主党人，第44任美国总统，美国历史上第一位非裔总统。奥巴马曾在自传《我父亲的梦想》一书中这样描绘自己的母亲，他写道："在我的生命中，她（母亲）是独一无二的永恒。在她身上，我看到了最仁慈、最高尚的精神。我身上的所有优点都源于我的母亲。""她一直努力维持家庭生计，别的孩子有的她也会满足我们，她一直在扮演着父亲和母亲的双重角色。"母亲无疑是奥巴马成功路上最重要的引路人。

一、寒门贵子

寒门出贵子，本是一种奢望，因为阶层是很难打破的，即便是在美国，寒门出贵子也不是普遍现象。谁能想到，100 多年前美国的黑人还是黑奴，而仅仅过了不到两个世纪，美国竟然选出了一位非洲裔总统。

奥巴马的父亲，巴拉克·侯赛因·奥巴马，1936 年 6 月 18 日出生于肯尼亚尼扬扎省，毕业于哈佛大学。他曾加入英国殖民地军队，1982 年 11 月 24 日，因车祸去世。

奥巴马的母亲安妮·邓纳姆（Anne Dunham）是一个白人，1942 年 11 月 29 日出生在堪萨斯州，她拥有英国血统，还有部分德国和瑞士的血统，就像所有混血美女一样，年轻时邓纳姆的颜值非常高，拥有博士学位，可谓是美貌与才华兼备的女人。

而奥巴马的父亲老奥巴马则是一个不折不扣的非裔黑人，出生于肯尼亚的一个部落，拥有黑人的皮肤、粗糙的外表，与邓纳姆的美貌并不般配。

1960 年，他在夏威夷大学求学时，遇到了年轻貌美的混血美女邓纳姆，并对其开展了追求。尽管邓纳姆的父母极力反对他们两人结婚，但是她已经怀上了老奥巴马的孩子，于是他们于 1961 年 2 月 2 日，在夏威夷毛伊岛上举行婚礼，六个月以后，巴拉克·奥巴马就出生了。

在侯赛因·奥巴马认识安妮之前，老奥巴马就在肯尼亚 Nyang’oma Kogelo 村庄中迎娶了一名叫 Kezia Aoko 的当地黑人女性。但他在迎娶安妮的时候，却隐瞒了这一情况。事实上，当时老奥巴马在他的故乡不仅有一个孩子，他的黑人妻子腹中还怀着另一个孩子。

虽然老奥巴马确实拥有过人的才华，他不仅考上了哈佛大学，而且还获得经济学博士学位，但在生活中，老奥巴马从来不是一个尽职尽责的男人。

1964年3月20日，他与邓纳姆离婚，并将儿子丢给邓纳姆抚养。

侯赛因在与邓纳姆离婚当年，就与美国人露丝·比阿特丽斯·贝克约会并结婚，两人又生下了两个儿子。但他们在一起生活了九年之后，还是于1973年离婚了。随后老奥巴马回到了肯尼亚，并在政府中担任要职，但因为与前肯尼亚总统发生冲突，所以职业生涯遭受到了毁灭性的打击，并从此处于失业状态。1982年，老奥巴马在一次交通事故中死于肯尼亚的首都内罗毕。所有资料显示，老奥巴马多次在酒驾事故中受伤，他总是不愿与人合作，所以每份工作都以被解雇而告终。

1964年，他拒绝在肯尼亚政府部门工作的理由是薪水太少。后来当时跟他职务相当的人，几乎都成了肯尼亚最为著名的政界和商界领袖。1966年，老奥巴马酒驾，遭遇车祸，他26岁的朋友阿比艾诺当场死亡，这使他的精神彻底崩溃。从此他常常在深夜和第三任妻子露丝·贝克打架，然后一个人从家里开车出来，漫无目的地开上数千英里。从此，那个天赋过人的哈佛学生变成了到处寻欢作乐的酒鬼。

二、烛光里的妈妈

奥巴马两岁时，父母离婚，母亲邓纳姆回到学校继续攻读硕士学位。她白天去学校读书，晚上回家照顾儿子。四年后，邓纳姆遇到了一位朝气蓬勃的印尼留学生洛洛·所托罗，他脾气温和。奥巴马六岁时，所托罗与邓纳姆结婚。后来奥巴马便随着母亲移居印度尼西亚的雅加达生活。那时邓纳姆被眼前的景象深深刺痛，这里的贫穷超出了她的想象。这里没有公路，没有通电，生活用品供应紧张，通货膨胀高达600%，人民生活苦不堪言。她在当地找了一份财务工作，和丈夫一起供养家庭。三年后邓纳姆和所托罗生下女儿玛雅。奥巴马非常喜爱这个同母异父的妹妹，处处做出大哥哥的样子，保护照顾妹妹。

雅加达的生活清苦，但邓纳姆仍竭尽全力把奥巴马送到雅加达当地最好的学校接受教育。在学校里，奥巴马因“外国人”的身份而常常受到其他孩子的攻击；他们嘲笑他是黑人，他们讥讽他没有爸爸。但邓纳姆从不在孩子面前说老奥巴马的坏话，她告诉奥巴马，他的父亲身材高大、绅士风度、自信聪明，非常优秀，希望奥巴马以父亲为骄傲。

所以，奥巴马在学校里向同学们吹嘘自己的父亲是一位非洲的王子。周围的孩子都乐意听他谈论自己的父亲，因此结交了一些朋友。在十岁那年，奥巴马第一次见到自己的生父，也是此生他与父亲唯一的一次见面。那一次他与父亲大吵一架，他责备父亲抛弃母亲和他。

但邓纳姆却对奥巴马说：“你不应该生你爸爸的气，他非常爱你，只是有点固执。”邓纳姆非常清楚，由于孩子的特殊身份，他未来将要承受比别人更多的艰难。于是，她开始引导奥巴马对于黑人身份的认同。在印尼学习和生活的日子，邓纳姆时刻提醒奥巴马，不要忘记自己的国家和血统。她每天凌晨四点便叫醒奥巴马，让他学习英语函授课程，七点之后两人分头上班和上学。她经常把民权运动的图书、美国著名女黑人福音歌手马哈利娅·杰克逊的录音以及马丁·路德·金的讲稿带回家。她告诉奥巴马：“人们虽然拥有不同肤色，但本质是一样的，人人生来平等。”

邓纳姆是一个伟大的女性。奥巴马的妹妹回忆说：“妈妈是个特别喜欢拥抱孩子的人，一天会说上 100 次‘我爱你’。”对于孩子们，她只有赞美没有责难。和朋友谈论儿子时，邓纳姆经常说：“我儿子很聪明，他可以做他想做的任何事，甚至是美国总统。”奥巴马的印尼继父问奥巴马：“你长大了想做什么？”奥巴马自信地说：“当印尼总理！”邓纳姆对兄妹俩的教育，真的非常用心，所以她的两个孩子都具备自信且独立的个性。因为他们在自己的人生道路中，始终谨记着母亲的教导。

因为邓纳姆成功的教育，她的两个孩子都非常优秀，女儿是夏威夷大学的博士，儿子奥巴马成了美国历史上第一位黑人总统。

邓纳姆认为，自己和孩子之间除了血缘关系之外，孩子和她都是自由的个体。她从来不认为孩子必须属于她。

邓纳姆对工作非常热忱，永远在孜孜不倦地进取。奥巴马 13 岁时，她回到了夏威夷大学，开始攻读人类学博士学位，希望毕业后成为一名人类学家，帮助印尼找到贫穷的根源，并且改善他们的生活状况。

在此后的 14 年里，她多次前往印度尼西亚，在当地的一个村庄对手工业进行了 14 年的观察和研究。在她担任美国国际开发署的顾问之后，到过加纳、印度、泰国、尼泊尔和孟加拉国等许多国家的乡村。1992 年，50 岁的邓纳姆完成了自己的博士论文，为此她已奋斗了近 20 年。她的博士论文长达 1000 页，题目为《逆境求生：印尼农村的工业》。在开篇首卷上，她写道：仅以此送给奥巴马和玛雅。同年邓纳姆获得博士学位后，赶去参加了儿子奥巴马和米歇尔的婚礼，给予母亲对他们最美好的祝福。1995 年，安·邓纳姆被检查出宫颈癌晚期，随后病逝于夏威夷，享年 53 岁。

没有能在母亲临终前见最后一面，成为奥巴马此生最大的遗憾。随后他飞到夏威夷跟家人一起，把母亲的骨灰撒到太平洋。

即便有伟大的母亲，奥巴马青年时期仍因自己的多种族背景而十分自卑，所以他也过了一段荒唐的日子，做过很多愚蠢的事，比如逃学、吸毒等。在那段时间，奥巴马成了一个不折不扣的“叛逆少年”，十几岁的他成了一个瘾君子，曾以吸食大麻和可卡因来“将‘我是谁’的问题挤出脑袋”。

给奥巴马带来深刻影响的不只是他的母亲，还有他的外祖父斯坦利·埃默·邓汉姆和外祖母斯坦利·安·邓汉姆，他们给予奥巴马巨大的激励。著名黑人诗人、记者和美国左翼活动家法兰克·米歇尔·戴维斯，也是深刻影响青年奥巴马的人物，早在20世纪60年代，戴维斯就成为奥巴马家里的常客。奥巴马首先在加利福尼亚州的洛杉矶西方学院求学两年，期间正是在戴维斯的鼓励下，奥巴马在该校《宴会》杂志发表了诗歌《老爹》，才被《纽约客》杂志转载并广为流传。在西方学院读书两年后，奥巴马进入纽约市的哥伦比亚大学的哥伦比亚学院，在那里主修政治学及国际关系。1983年毕业后，奥巴马在纽约市工作，后来成为芝加哥南区的一名社区组织者，与教会协调改善住房条件，并在一个因钢铁厂倒闭而遭受重创的社区设立就业培训项目。1988年，奥巴马进入哈佛大学法学院，作为《哈佛法律评论》（*Harvard Law Review*）的第一位非裔美国人社长，引起了全国的关注。回到芝加哥后，他进入了一家专营民权的小律师事务所工作。

三、与爱同行

1992年，奥巴马和同校的米歇尔结婚，两人同时供职于芝加哥的同一家律师事务所。

奥巴马与妻子米歇尔初次相见时，奥巴马只是哈佛法学院的学生，而米歇尔则是他的初级律师督导。盛德律师事务所共有400多位律师，但是非洲裔的全职律师只有五名，女性非洲裔律师更是凤毛麟角，他们理所当然彼此吸引走到一起。十岁的时候，米歇尔的亲戚曾无意间问她：“你是黑人吗？我能否信任你？”这让她意识到，要在自己的过去和未来中不断加深对自我的认识。与奥巴马的相恋，让米歇尔意识到这个男人非凡的才智和雄心，于是她开始重新探索自己的热情所在，以及如何将它们与自己心目中有意义的工作结合起来。她开始不断地问自己，除了律师外我还能做什么？

奥巴马的夫人当然是逆袭成功的典范。根据美国民意调查，2018年美国人最钦佩的女人中，米歇尔·奥巴马排名第一。而之前的十几年里，第一名直都是美国前第一夫人希拉里·克林顿。还有一项民意调查显示，米歇尔在注册选民中的受欢迎度甚至比时任总统唐纳德·特朗普还要高出 13 个点。巴拉克·奥巴马当选美国总统，使得米歇尔创下了美国第一夫人的两项纪录：第一位非洲裔总统夫人，个子最高的第一夫人。她身高 180 厘米。凭借高挑、自信、端庄的形象而备受美国时尚界的推崇。在众多杂志的年度评选中，米歇尔都榜上有名。

《人物》杂志曾这样评价她："米歇尔在选战中一路走来散发自信、令外界惊艳不已。"米歇尔参加的直播节目，门票在几分钟内就会被一抢而空，她每一次在公众场合的露面都会成为众人的期待，就连她喜欢的品牌的股价和知名度也会大幅提升。有次她在电视节目中提及自己穿的一条 148 美元的棉布花裙子，随即那款裙子便被蜂拥而至的顾客们一抢而空，在全美 322 家商店中脱销了。

她的回忆录《成为：米歇尔·奥巴马自传》，一经销售就非常火爆，在亚马逊畅销书榜上曾排名第一。据出版社公布的数据，上市后全球销量超过了 500 万册，这个数据刷新了 2018 年整个英文世界的图书销售纪录，后续它还被翻译成至少28种语言，在各国陆续出版。这本书记叙了米歇尔的成长故事、与奥巴马的婚姻、白宫生活的幕后等等。她在书中公开描述了她的婚姻生活，尤其是她与贝拉克·奥巴马结婚的早些年，她是如何在丈夫政治生涯的快速上升期寻求职场与家庭间的平衡的。

米歇尔有如此的成就与父母的教育方式有很大的关系。她的父母虽然读书不多，但却富有智慧。她的母亲在教育子女上一直保持一种中立的态度，既不过分关注也不因忙于自己的事而忽略孩子。孩子们遇到糟糕的事情时，给予一点儿同情；孩子们做了成功的事时，轻描淡写地表扬，让孩子明白做事无须证明给别人看，只要证明给自己看就好。她的父母会给她提供指导而不是立规矩，就像她母亲所说：“我培养的不是小孩子，是未来的大人。”提建议时，也能给出具有实效性的建议。米歇尔不喜欢她的数学老师，当她回家跟母亲抱怨时，她的母亲对她说：“你不需要喜欢她，但那位女士脑子里的数学知识，你需要掌握。把注意力集中在这上面，其他的不要想。”她的父母会把生活的选择权交给她，允许她遵从自己的内心，按照自己的意志成为想要成为的人，通过这种方式把孩子推向世界的同时，又时刻帮她把舵，让她不至于偏离航向。她父母的教育方式让她受益良多，所以米歇尔对自己的两个女儿玛莉娅与萨莎也采用了这种教育方法。奥巴马夫妻二人曾经透露过为女儿们设立的规矩，不能出现以下行为：抱怨、哭闹、争辩、纠缠和恶意嘲笑；自己整理床铺，“不求做得有多好，但要整理”；自设闹钟；自己起床穿衣服；如果干家务，每星期能从爸爸那里领得一美元零用钱。奥巴马说：“一次我离家几星期，玛莉娅对我说，‘嗨，你欠我十星期零用钱啦！’”玛莉娅和萨莎，一个学戏剧舞蹈，一个学体操和踢踏舞，网球和钢琴则是她们的共同课程。让孩子明白“自己是谁、想要成为怎样的人”，这是个值得父母思考的问题，同时也是我们每个人都该思考的问题。

很多人在没有看《成为：米歇尔·奥巴马自传》之前，一直以为米歇尔是因为出身名门望族或者家里超级富有，才使她成了第一夫人，殊不知其实米歇尔来自芝加哥南城一个普通的黑人家庭。米歇尔的父亲是水处理工厂的锅炉工人，患有多发性硬化症，幼年时她的母亲是全职妈妈，家里也没有自己的房产，借住在姑婆家里。

米歇尔有一个相差不到两岁的哥哥，在这样的条件下成长的兄妹两人后来双双被普林斯顿大学录取。他们的法宝是父母的言传身教，他们自己在不断努力的过程中，一步步改变生活和学习环境，逐渐变成优秀的人。虽然米歇尔的出身普通，从小生活在落后的街区，但是她父母的育儿观和格局才是铸就兄妹俩成就的基石。小时候母亲就经常带米歇尔去图书馆认字读书，而父亲则尽可能地将自己爱好艺术和运动的热情传递给兄妹俩。当哥哥对篮球产生兴趣的时候，父亲也能就地取材，想出用硬币模拟篮球抛到厨房门框上的方法来鼓励哥哥练习。米歇尔由内而外散发的精英气息，也来自家庭有意的训导。兄妹俩的言谈举止都被要求得体和规范，每次在祖父家吃饭经常会被纠正发音和语法，从小父母就教导他们使用标准词汇，而避免使用黑人俚语。父母甚至将一整套《大不列颠百科全书》放在家中，在遇到疑问的时候人人可以随手查阅。中学时代的米歇尔就读于芝加哥顶尖的惠特尼·扬高中，并由一年级跳至三年级，曾连续四年名列校内成绩最优等学生。

父母沟通的态度决定孩子看待世界的角度。从小时候幼稚又重复性的十万个为什么，到长大后遇到的一些现实问题，比如毒品、性、人生选择，米歇尔的父母总是保持开放的态度和孩子们交流。在交流的过程中，父母从来不会因为他们是孩子而敷衍和说教，而是觉得只有公平和认真的态度，才能让孩子们拥有看待世界的全面视角，甚至不会为了保护他们而美化生活中的残酷。在哥哥因为种族歧视被警察冤枉的时候，父母没有愤恨，而是借机告诉他们，虽然是不公平的对待，但是自己得设法去面对。氛围和仪式感需要家庭共同营造，家庭的氛围无时无刻不在影响日后孩子对事物的感受。父亲特别重视大家庭的来往，经常带着他们去亲戚家做客，每年都会利用高温假，带着全家和亲戚们去度假村放松，增加大家庭的互动和温暖。

她的父母也懂得营造浓厚的仪式感，当哥哥和米歇尔拿到学校的成绩单，父亲总会在他们最喜爱的意大利餐厅叫一个外卖披萨来庆祝。每年他还会利用家属福利，带着兄妹两人在工作的水处理厂里找到最佳视野观看海军飞行表演。母亲会靠着自己灵巧的双手给他们编制装饰物。因为这个技能，她还会经常用一些小心思，去改变卧室的布置，让生活丰富起来。每到春天她都会进行大扫除，把一年伊始的美好迎接到家中每一个角落。一直以来她父母的目标是，把米歇尔和哥哥培养成未来的大人，并且推向世界的舞台。所以他们通常扮演提供建议的导师角色，而不是传统的立威的家长形象，不会用规矩和强制措施，而是适时将很多事的选择权交给孩子们自己，让他们主宰自己的生活。最终因为这样的视野，米歇尔获得了名校的加持，在工作中邂逅了丈夫——未来的美国总统，成了第一夫人之后，仍然以积极的态度不断提升自我。

米歇尔说，“我的父亲教我努力工作，保持开心，信守承诺。”尽管米歇尔的父亲 20 年来一直深受多发性硬化症的折磨，并随着年龄的增长和病情的加剧愈发行动不便，但他从来没有耽误过一天的工作。父亲坚韧的性格深刻影响着米歇尔，在普林斯顿大学期间，她无时无刻不在学习。大一时，她无意间选了一门高年级的神学课，但米歇尔仍竭尽全力通过了这门课。

冷静、平和的母亲，是米歇尔和哥哥的踏实后盾，也为他们俩带来独立思考和成长的空间。“教育是我改变自己人生、迈向上层社会的主要途径。”米歇尔在自传里说。

在米歇尔的字典里，“成为”意味着一种前进的状态，一种进化的方式，一种不断朝着更完美的自我奋斗的途径，这条道路没有终点。“成为”，是一种永不放弃继续成长的态度。

四、奥巴马的从政轨迹

1995 年 8 月，34 岁的奥巴马提交竞选伊利诺伊州参议员的文件。1996 年 1 月，奥巴马的四个竞争对手的请愿书被宣告无效；他成为唯一的候选人。11 月，奥巴马成功当选伊利诺伊州参议员。

1999 年，奥巴马开始竞选美国联邦众议员。2000 年，奥巴马不敌对手众议员鲍比·拉什，竞选失败。2003年，奥巴马竞选美国联邦参议员。2004年3月，他以52%的选票赢得初选；6月，其共和党对手杰克·瑞恩因性丑闻退出选举；7月，奥巴马在民主党全国代表大会上发表演讲；11月，他以70%的选票当选美国联邦参议员。

2007年2月，奥巴马宣布参选美国总统。2008年6月，奥巴马正式成为民主党总统候选人；11月，奥巴马击败共和党总统候选人约翰·麦凯恩，当选美利坚合众国第44任总统，并成为美国首位非裔总统。

2009年1月，奥巴马正式宣誓就职。在上任的前100天，奥巴马扩大儿童医疗保险，并为寻求同工同酬的女性提供法律保护；推动国会通过一项7870亿美元的刺激法案，以促进短期经济增长；还为工薪家庭、小企业和首次购房者减税；放宽对胚胎干细胞研究的禁令；改善了与欧洲、中国、古巴和委内瑞拉的关系。为表彰奥巴马在促进世界和平方面所作的努力，诺贝尔委员会授予其2009年诺贝尔和平奖。

2010年1月，奥巴马发表第一次国情咨文演讲；3月，签署了国会通过的医疗改革计划，即“平价医疗法案”，使其成为法律；8月，美国宣布从伊拉克部分撤军，结束其作战任务，并声称于次年完成全部撤军。

2011年，奥巴马签署预算控制法案以控制政府开支，还废除了所谓的“不问不说”的政策，该政策禁止公开自己性倾向的同性恋士兵在美国武装部队服役；5月，为美国海豹突击队在巴基斯坦的一次秘密行动开绿灯，随后正式宣布基地组织领导人奥萨马·本·拉登被击毙。

2012年，奥巴马开始竞选第二个任期；11月，以比共和党人米特·罗姆尼多出近500万张普选票获胜。

2013年，奥巴马力促两党就增税和削减开支达成妥协，赢得立法胜利，这是他朝着在竞选连任时承诺通过提高富人税收来减少联邦赤字迈出的重要一步。6月，奥巴马支持率下降。据分析，因为奥巴马掩盖了利比亚班加西事件，该事件造成美国驻利比亚大使克里斯托弗·史蒂文斯和另外两名美国人死亡；另有指控称美国国税局阻挠保守派政治组织申请免税地位；再就是有关美国国家安全局监视计划的披露。奥巴马政府的内政外交纷纷陷入僵局。

2014年，针对克里米亚事件，奥巴马下令对俄罗斯实施制裁。众议院议长约翰·博纳指责总统，声称他在"平价医疗法案"的某些内容上超越了他的行政权力。共和党人控制了参议院，奥巴马不得不面对在他第二任期的最后两年共和党控制国会两院的现实。

2015年，奥巴马在国情咨文演讲中声称，美国已走出衰退。奥巴马在最高法院取得了两项重大胜利：维持"平价医疗法案"的税收补贴，同性婚姻在全国范围内合法化。此外，推动美国、中国、法国、德国、俄罗斯、英国与伊朗达成了历史性的伊核协议。此外，还启动清洁能源计划，以减少温室气体的排放。

2016年，奥巴马在执政的最后一年，试图通过行政命令的方式应对枪支管制问题，但遭到国会共和党人的强烈反对；3月，奥巴马访问古巴，成为自1928年以来第一位访问古巴的在任美国总统。

2017年，奥巴马于1月在芝加哥发表告别演说。在1月19日任职的最后一天，宣布将为330名非暴力毒品犯罪者减刑。

很多人认为，当年奥巴马之所以会当选第44任美国总统，很大原因是小布什执政时存在的一些问题影响了共和党的民望，使选民倒向了民主党；而在民主党内，能与奥巴马势均力敌的希拉里，因为女性的身份未能胜出。于是在天时地利人和之下，奥巴马凸显了自己的竞选价值。而且，奥巴马形象出众，给人阳光有活力的感觉，博得了年轻人的好感，又善于利用网络争取年轻选民，通过一场又一场如"美国偶像"般的活动，用自己颇具魅力的语言和外表，成功获取了压倒性优势的选票。

与小布什相比，还未正式出任总统的奥巴马，就已经受到了铺天盖地的赞誉。他那黝黑的皮肤、坚毅的眼神、富有诗意的话语和滔滔不绝的口才，不仅征服了美国民众，还破天荒地让世界各地的人们对美国总统产生了难得的好感。对于奥巴马而言，挑战当然是巨大的。

首先，奥巴马没有执政经验，在竞选总统之前，他虽然担任过联邦参议员，但仅有四年。此前，他服务的范围是社区，处理的是琐碎的社区内部事务；在社区的范围之内，奥巴马或许能够尽职尽责，但一下子突然要统领美国这个世界上最强大的国家，面对比社区不知复杂多少倍的执政环境，以奥巴马的资历、能力和经验，都是一个极大的考验。其次，奥巴马没有外交经验。进入 21 世纪后的美国相对实力不断下降，利益格局日趋复杂，各种挑战层出不穷。在这种情况下，美国亟须的是外交经验丰富、对世界局势拿捏得当、能与各种势力巧妙周旋的领导人，不但要有灵活的外交手腕，还要有睿智的判断力，更要有能纵横四海的魄力。

奥巴马在担任联邦参议员期间，在绝大多数情况下都不发表意见，遇到需要表决的时候，有时更是弃权不表态。但是让美国社会和全世界没有想到的是，作为美国第一位非洲裔黑人总统，他在八年的任期中，取得了不少成就。

2008 年，美国的财政赤字创下了 4550 亿美元的历史新高。此外，雷曼兄弟申请破产保护，华尔街投行时代终结，美国国际集团接受紧急注资，美国股市大幅下挫，黑色星期屡屡出现。尽管美国救市规模不断升级，但仍未出现明显好转趋势。所以，奥巴马于 2009 年 1 月 20 日正式就任美国第 44 任总统时，面对的不仅有鲜花和掌声，还有严重的次贷危机。

奥巴马上任后主打减税。2009 年 12 月，奥巴马宣布采取减税、奖励以及增加投资等一揽子举措创造更多就业岗位。2010 年 3 月，奥巴马签署了一项通过减税和增加开支来促进就业的法案。受这些政策推动，美国成为率先走出衰退和停滞的发达经济体。道琼斯指数从6000多点上涨到最高时的18,000多点，纳斯达克指数也在多年之后再创历史新高；同时，美国房地产市场基本摆脱了次贷危机，稳步复苏；就业情况的改善更加明显，失业率从最糟糕时的10%以上降低到了4.9%。

纵观奥巴马近八年的治国理政政策可以看出，奥巴马既要救火，即拯救美国经济于危难之中，又要谋势，即发掘美国经济长期增长的动力源泉。

对于美国来说，救火就是要救市。奥巴马上任之后，随即开出了两剂药方应对经济危机。

首先，在小布什政府救市方案的基础上，奥巴马推出了全面的金融市场稳定计划，承诺将清除银行资产负债表上高达10,000亿美元的不良资产，并向陷入困境的金融机构注入新的资金，实施量化宽松（QE）政策。其次，实施经济刺激计划，签署了总额高达7870亿美元的《美国复苏与再投资法案》。正如《奥巴马政治经济学》一书所述："奥巴马希望通过政府对经济和民生的积极干预来领导美国走出金融危机，重新恢复美国经济的活力。"

为了赢得改革的先机，奥巴马在救助金融市场和振兴实体经济的同时，先后推动了六项改革措施。其中医疗、金融和教育改革取得了成功，而能源、移民和预算改革则走向了失败。其中，《多德—弗兰克法案》的签署出台是奥巴马任内可圈可点的一项政绩。该法案的出台是因为奥巴马内阁清楚地认识到：金融危机的根子出在监管上。

奥巴马在第二个任期的首份国情咨文中提出"让美国成为新增就业和制造业的磁场"，此后出台了一系列措施鼓励企业回流，八年为美国创造了500万个就业机会。

在国际秩序方面，2010年《美国国家安全战略》报告指出，建立公正、持久、能够促进应对共同挑战的集体行动的国际秩序，符合美国的利益。提出要确保建立更强大的联盟，与其他21世纪影响力中心建立合作关系，强化有助于合作的制度和机制，并就关键的全球性挑战维持广泛的合作。2015年《美国国家安全战略》报告强调，“美国有机会和责任在强化、塑造及适时创立作为21世纪和平、安全、繁荣及人权保护之基础的规则、规范和制度等方面发挥领导作用。”该报告明确表示，美国将继续捍卫由它在第二次世界大战后缔造的国际秩序，以及支撑这套国际秩序的国际法律框架。

虽然这两份报告关注的议题及优先次序有所变化，但美国大战略最基本、最核心的目标是确定的，即美国必须领导世界。2014年5月28日，奥巴马在西点军校2014级毕业典礼上发表演讲时说，“美国必须在世界舞台上发挥领导作用，这是我们的底线。如果我们不发挥领导作用，没有其他国家会发挥这一作用。”

五、变革

（一）医改

在奥巴马的努力下，2010年3月美国参众两院通过了《患者保护与平价医疗法案》，按照奥巴马医改蓝图，绝大部分美国人都应拥有医疗保险，对于年收入低于43,320美元的个人和低于73,240美元的三口之家，联邦政府将给予医保补贴；政府通过一系列奖惩措施，敦促企业向雇员提供医保；禁止保险公司因投保者本身存在健康问题，拒绝其投保或抬高保费。奥巴马实施医改的目的是希望由政府主导建立老人和穷人医疗保险，帮助弱势群体享有同等权益。

（二）金融改革

经过奥巴马的努力，2010年7月15日《多德—弗兰克法案》在参议院获得通过，该法案致力于保护消费者、解决金融业系统性风险等问题，旨在避免2008年的国际金融危机重演。

（三）教育改革

2015年12月10日，奥巴马总统签署了名为“每个学生都成功”的法案，取代了布什总统时代提出的“不让一个孩子掉队”。这个法案针对旧法的缺陷，一方面要保持和提升美国教育的竞争力；另一方面，新的法案更强调灵活性和多样性，根据不同地方、社区、学校的具体情况采取不同对策。

（四）对外关系的重构

奥巴马为了重振美国经济，恢复美国的贸易霸权，先后于2010年和2013年启动了《跨太平洋伙伴关系协定》（TPP）和《跨大西洋贸易与投资伙伴关系协定》（TTIP），尤其是TPP涵盖全球40%的经济产出。经过五年的谈判，美国最终于2015年10月与日本、澳大利亚、加拿大等11个国家达成协议。

2015年7月20日，在美国的默许下联合国安理会一致通过伊核协议。

2011年5月，奥巴马宣布美国在一次行动中击毙了“基地”头目本·拉登。对此美国前总统小布什表示，本·拉登被击毙是一个“重大成就”，对“美国及全球热爱和平的人们是一个胜利”。

对于恐怖组织“伊斯兰国”（IS），自2014年夏奥巴马下令开展空袭以后，美国对IS进行了9000余次空中打击，基本上消灭了这个恐怖组织。

奥巴马任内还推动了页岩气革命，使美国基本上摆脱了对中东石油的依赖；以风能、太阳能、生物质能为代表的非化石能源在美国能源结构中的比重大大提高。2015年12月，奥巴马终结了一项存在了40年之久的原油出口禁令。

2015年6月26日，美国最高法院以5：4的投票结果裁定，同性婚姻合乎宪法。至此美国50个州的同性情侣都有步入合法婚姻的权利，14个州对同性婚姻的禁令随之撤销。

在外交领域，奥巴马总统的印太战略对历史进程的影响最为深远。奥巴马总统提出的印太战略是一个独立的战略体系。在当代，印太概念的出现，意味着承认西太平洋和印度洋地区之间日益增加的经济、地缘政治和安全联系正在创造一个单一的战略体系，这是一个包含了中国、印度和美国等主要大国之间相互交叉的利益的战略体系。

（五）全球开放的市场对美国的繁荣至关重要

奥巴马认为，美国的繁荣在很大程度上依赖于对外贸易和外部世界的经济增长。美国希望通过“跨太平洋伙伴关系协定”和“跨大西洋贸易与投资伙伴关系协定”，设立世界上最高的劳工权利和环境保护标准，打击贸易竞争对手，支持“更好、更负责任和更可持续的经济增长”，同时清除对美国出口设置的壁垒，使美国处于全球经济自由贸易区的中心。美国声称，“当区域内各国被贸易联系在一起时，当他们的经济和人民共享重要联系时，和平与稳定更可能得以维护。”通过多边、双边和“微多边”等多种方式，奥巴马政府推动了与印太地区相关国家之间的经济联系。

六、猎杀本·拉登

2001年的“9·11”事件震惊了全世界，作为世界上唯一超级大国的美国眼睁睁地看着恐怖分子劫持的飞机撞向五角大楼和世贸中心。这等奇耻大辱激起了美国政府的愤怒，由此展开了与本·拉登的十年“猫捉老鼠”游戏。

为了捉拿本·拉登，美国与其盟友一起发动了阿富汗战争，人力财力花费了不少，可效果一直令人失望。中情局作为抓捕本·拉登的核心情报机构，在多次尝试中也是屡屡碰壁：印尼巴厘岛于2002年10月发生大爆炸；马德里火车站于2004年3月发生了连环爆炸案；伦敦地铁于2005年7月发生了连环爆炸案。别说抓到本·拉登本人，就是连本·拉登策划的恐怖事件都没法彻底阻止。

为此，中情局在关塔那摩基地附近设立了一个战俘基地，意图从这些战俘口中获取本·拉登的情报。美国人得知有一个信使是传播本·拉登指令的重要人物。为了套出这个信使的下落，中情局设立了黑牢，即秘密监狱。任何地方都有可能被作为黑牢，它可能是一间仓库，也可能是一艘轮船的船舱，并且它遍布于全球美国人所能企及的地方。

中情局一直苦苦寻找信使的线索，可得到的情报往往不可靠，就连人的死活都无法确定。

在巨大的压力下，中情局不断走马换将，2008 年奥巴马当选为总统后，即任命帕内塔为局长，恰好这时局势也出现了转机。

一个名叫巴拉维的约旦人引起了中情局的关注，这位医术精湛的医生曾为基地组织不少高级人员进行过治疗并且备受尊重，此人明面上是一名医生，真实身份却是一名多面间谍。许久没能取得成果的中情局，当时只想着快点见到这位深受基地组织器重的医生，并妄图从其口中获得关于本·拉登等人的情报。

看似外行的帕内塔上台以后，大量出动无人机，加强了对恐怖分子的扫荡，他常常亲自坐在屏幕前指挥战斗。根据无人机的侦察，中情局判断本·拉登的信使藏身于巴基斯坦和阿富汗边境交界地带阿伯塔巴德地区一个小镇的一栋豪宅内，这个推断有些出人意料，毕竟恐怖分子一般都藏身于地形复杂的山区。帕内塔毫不犹豫地将情况汇报给了奥巴马。

奥巴马命令特工组 24 小时不间断地观察豪宅内的动向。别墅所在的庭院内没有电话和互联网，垃圾则是自行焚烧，完全是一副深居简出的生活模式。据可靠情报，这里居住着信使一家，还有信使的兄弟一家，让特工们想不到的是别墅的三层还居住着另外一家人。这家人极少外出，哪怕是下楼的时候也贴着墙壁走动，其中有个高个的神秘男子每天在院子里散步，被中情局叫作“步行者”。特工们还做了一个大胆的假设，“步行者”就是本·拉登。为证实这一猜想，特工们走访了“步行者”的邻居，可得到的答案却不尽如人意。邻居们表示，这家人根本不出门，见面就更不用说了。

于是，帕内塔要求反恐部门必须提交出可靠的方案以确定这个“步行者”的身份。他们费尽心思想出了一个可行的计划：让一个巴基斯坦医生假装上门接种疫苗，借此采集到本·拉登家族的DNA。

可这个计划也泡汤了，这令帕内塔更加怀疑屋内的“步行者”是一条大鱼，于是他决定直接采取行动。

从此刻起，奥巴马面临四个抉择。

一是什么时候行动？如果本·拉登真的在那儿，那么，每耽搁一天，本·拉登潜逃的可能性就会增加一分。如果消息在华盛顿泄露，任何一篇博客或者媒体的报道都可能让本·拉登警觉，并导致他逃离。

二是谁应该参与到决策过程中？让更多的人进入决策过程，可以让整个计划更完整，避免纰漏。但多一个人进来，泄密的可能性就会增加一分。

三是到底应该怎么打死或者抓获本·拉登？奥巴马有四个选项：第一用装载“地狱火”导弹的“捕食者”无人机攻击（数月后美国用此方式杀死了安瓦尔·奥拉基）；第二用B2轰炸机投掷9000公斤的激光制导炸弹（2011年曾用来攻击卡扎菲）；第三用特种部队进入突袭；第四与巴基斯坦军方开展联合军事行动。

四是尽管这是国家安全议题中最重要和最优先的一个，但是任何决定都会有政治后果。正如总统国家安全事务副助理罗兹指出的，所有参与计划的人都知道，奥巴马“把自己的总统宝座都押上了”。如果奥巴马选择继续等待，本·拉登跑掉了，奥巴马会被指责浪费时间，让头号大敌逃出生天；如果行动失败，他的反对派会将其比作前总统卡特，将此次行动看作另一个1980年解救美国人质失败事件。

整个行动中最大的意外在于，这个行动本身就是个意外。半个世纪以前，中情局发现苏联正在向古巴偷运导弹，造成古巴导弹危机。肯尼迪得知这一消息后，问的头几个问题中就包括“这事我们能在华盛顿保密多长时间”。他的国家安全事务助理认为，秘密最多只能保守一个星期。所以，肯尼迪给了自己五天时间思考，检查证据，听取反面意见，也不止一次地改变自己的观点。他后来写道，如果他被迫在头48个小时就做决断，他会选择空袭导弹基地而不是最终的海上封锁。而空袭无疑将导致核大战。

这时的华盛顿，一周时间简直就和一辈子差不多长。秘密通常不过夜，2009年，奥巴马就在这个问题上被好好上了一课。当时，他试图重新考虑其阿富汗战略。当他咨询新的阿富汗战区司令官麦克里斯托尔，要他对阿富汗局势作出评估时，奥巴马发现麦克里斯托尔的整个决策流程——用他自己的话说，“烂透”了。奥巴马收到麦克里斯托尔长达66页的报告，其中警告美国如果不马上在阿富汗采取行动“推倒重来”，就将面临重大失败。奥巴马被这一警告深深震惊。但是，当奥巴马和他的国家安全团队碰面讨论这个问题之前，麦克里斯托尔的报告就被媒体披露了。这个时候，总统只有两个选项：要么支持他的司令官，要么反对。这是导致奥巴马用多尼隆替换詹姆斯·琼斯担任其国家安全事务助理的一部分原因。后来，奥巴马要求多尼隆制订一个更积极主动的国家安全事务决策机制，这个机制要符合奥巴马“三思而后行”的作风，要在作决定之前考虑到问题的每个角度和每个结果，同时还要提出各种应对方案。多尼隆用政策经理式干巴巴的语言解释了自己的工作，就是“使总统的选项最大化”。

在很多记者看来，奥巴马下令袭击本·拉登藏身之地是件很容易的事。帕内塔说："如果普通美国人知道我们知道什么，那么他们会说任何人不用动脑子都能做这事。但是当我们不再考虑奥巴马面临的选项时，整个事情就变得更为复杂，也更有趣。猎人们都知道，选择什么时候开火是最困难的事情。如果太早，就会脱靶，猎物会逃走。如果太晚，发出的声响可能会惊动猎物。"奥巴马等了五个月，才决定采取行动。

如果像帕内塔说的那样，这是一个非常直接的决策过程，那为什么即便在总统的意见已经非常明确的情况下，副总统、国防部长及其他参与的主要军事领导人都反对这个行动呢？在行动前的最后一次会议上，奥巴马发起了投票，安全团队中经验最丰富的国防部长盖茨表示反对袭击。他认为，把突击队员投入行动太危险了，他们可能会被捕或被杀。拜登同样认为，与收益比起来，行动风险过高。军事领导人，无论是外围的，还是深度参与筹备行动计划的如参联会副主席卡特·怀特，都比较倾向于空袭。

在奥巴马看来，击毙本·拉登的四个选项迅速变成了三个，然后变成了两个。1月底，奥巴马首次审查行动计划时，与巴基斯坦的联合军事行动被排除了。2011年1月27日，中情局承包商戴维斯在拉合尔被捕。这一事件让白宫意识到，巴基斯坦与美国的盟友关系还没有牢固到让巴基斯坦来承担如此敏感的任务。此时盖茨和马伦也已进入决策圈，任何决定所产生的后果都要被认真审视。数周后，奥巴马否决了"捕食者"方案。这个方案是派出"捕食者"无人机用"地狱火"导弹袭击"步行者"。用无人机袭击本·拉登，原本就是中情局自20世纪90年代起着手实施的一项计划。但是奥巴马将这一方案否决了。他的理由主要有三点：首先，不能确保一枚230公斤的炸弹能击毙本·拉登；其次，巴基斯坦方面不一定愿意移交遗骸，美国怎么能知道是不是杀对了人？如果巴基斯坦掩盖了事实，指责美国杀死了无辜平民，基地组织又宣布本·拉登还活着，美国该如何证明？再次，若用无人机袭击，美国将没有机会缴获屋子里可以用来终结基地组织的资料。基于同样的理由，奥巴马也反对使用B2隐形轰炸机进行袭击。就这样，奥巴马选择了风险最高、收益最大的选项：派出海豹突击队实施袭击行动。即便此时，帕内塔认为“步行者”是本·拉登的可能性是80%，莫雷尔认为是60%，国家反恐中心主任莱特认为只有40%，盖茨和拜登认为可能性更低。莫雷尔回忆到，当年认为伊拉克有大规模杀伤性武器的概率都比这个高。但是，奥巴马仍然信心十足地认为，特种部队可以进入并安全撤离。袭击行动的指挥官麦克雷文自信满满地说，任务很简单，“我们只要这样做。乘直升机飞进去，攻击房子，抓住坏蛋或做其他一切需要做的，然后撤出。”

但如果巴基斯坦人发现了美国部队的行动路线，抓住他们并把他们当作人质怎么办？如果直升机坠毁了怎么办？尽管麦克雷文信心满满，但为确保万无一失，不再让伊朗人质救援行动中美军运输机在伊朗沙漠坠毁的悲剧重演，最终计划中还有两台备用的支奴干直升机，可以装载24名海豹队员并随时待命，这样即使他们被巴基斯坦军队发现并被包围，他们也能“打出来”。

在最后的六周里，国家安全委员会里的战争内阁成员又开了五次会，再一次检查各个流程。所有的参与部门都要汇报，奥巴马鼓励竞争性观点，并反复检讨其先前看法是否合理。即使在这个阶段，知情范围仍然很小。盖茨和希拉里必须独自参会，不能带副手或助理。如果需要让谁知道情况，必须要经过多尼隆批准。行动前不到一周，即4月25日，《纽约时报》在头版放出了维基解密掌握的关塔那摩档案，其中有一份文件就是关于中情局获取本·拉登信使所在位置，并将情报线索指向阿伯塔巴德的那个囚犯。中情局的审讯员在附注中写道，此人于2003年前往阿伯塔巴德接受了本·拉登“亲信”的信件，邀请他成为本·拉登的“正式信使”。如果本·拉登的庇护者仔细读过《纽约时报》，就会发现美国已经知道了信使的身份和本·拉登的可能位置，那么当海豹队员到达这个屋子的时候，恐怕早已人去楼空了。4月28日，在白宫情况室举行了最后一次会议，奥巴马要求每一个顾问进行投票表决，除了盖茨和拜登反对，其他人均表示赞成。第二天早上，在外事接待室举行的情况通报会上，奥巴马告知多尼隆、布伦南、麦克唐纳及白宫办公厅主任戴利决定采取行动。此时，知情圈子又扩大了一些：司法部长霍尔德、国土安全部长那波利塔诺、联邦调查局局长穆勒、总统阿巴问题特别助理卢特等。一个开始时只有白宫核心六人知道的行动在八个月后终于扩大了知情范围。

由此，一个名为“海神之矛”的猎杀行动在麦克雷文的指挥下随即展开。

5月1日夜晚，乘坐黑鹰直升机的海豹六队突击队员开始行动，奥巴马和他的班子聚集在白宫内一个临时的指挥室内观看。这些人都聚精会神地盯着实况转播的大屏幕。意想不到的事情发生了，尽管美军为此次行动做了全真的模拟，但实际情况还是有些出入。

美国原本计划是让黑鹰1号降落在屋顶，黑鹰2号降落在庭院内，从而实现包抄。但由于气旋的原因，黑鹰1号迫降在了院内的地面上，黑鹰2号则是直接降落在了院外，而且他们和白宫联系的视频终端也出了故障。

此时此刻，行动计划完全取决于海豹六队自己的决定。一不做，二不休，海豹六队直接发起了地面强攻。信使和他的兄弟在院落中被海豹队员直接击毙，唯一一名持AK47的抵抗者很快被干掉。队员们费尽力气炸开了别墅内的层层铁门后冲上了神秘的三层，迎面而来的竟然是两个女人。两人很快被队员们制服，屋内仅剩那位“步行者”了。

这个“步行者”就是本·拉登本人，他的面容早已深深地刻在了执行任务的突击队员的脑海之中，他们没有任何迟疑，第一枪打在了本·拉登的胸口，第二枪则是穿过左眼直接爆头，这个让美国人痛恨十年的恐怖分子就这样倒下了。

突击队员将本·拉登的尸体和部分重要资料带走，并将迫降的黑鹰 1 号直接销毁，趁着夜色，他们遁入无形之中。

行驶在印度洋的美军航母“卡尔·文森”号上载着一具裹着白布的尸体，这正是本·拉登的尸体。美军士兵直接将本·拉登的尸体扔进了冰冷的北阿拉伯海中，这便是这位和美国人抗衡了十年的基地组织头目的最终下场。

作为美国的首位非洲裔黑人总统，奥巴马上任于次贷危机之际，在内政外交领域奋力变革，成功猎杀了“9·11”事件的策划者本·拉登，在美国历史上留下了浓墨重彩的一笔。奥巴马的人生经历是一个传奇，缺位的生父给了他颠沛流离的童年，而母亲和妻子的爱又给了他自信与力量。在坎坷中坚强，在困境中乐观，他注定生而不凡。

参考文献

第一章

[1] 西德尼·M.米尔奇斯，迈克尔·尼尔森.美国总统制起源和发展（1776—2007）[M].朱全红，译.上海：华东师范大学出版社，2008：267-268.

[2] 袁贺，谈火生.美国历届总统就职演说全集 [M].北京：经济日报出版社，2007: 295.

[3] 杨家祺，苏彦荣.美国总统全传 [M].太原：山西人民出版社，2001：786.

[4] 余志森.美国史纲——从殖民地到超级大国 [M].上海：华东师范大学出版社，1992: 256.

[5] 詹姆斯 · 戴维 · 巴伯.总统的性格：第 4 版 [M].赵广成，译.北京：中国人民大学出版社，2015.

[6]JOHN B.The new left and american foreign policy during the age of normalcy: are-examination[J].The business history review, 1983, 57（1）（Spring）: 78, 79-80.

[7]WILSON J H.One historian's orthodoxy is another's revisionism.Reviews in American history, 1979, 7（1）: 115-117.

[8]MURRAY R K., The presidency of Warren G. Harding by Eugene P. Trani[J].The American historical review, 1977, 82（5）: 1344.

第二章

[1] 美国第 31 位总统胡佛诞生 [EB/OL].（2022–05–13）[2022–05–19]. http://www.bjzljyw.com/lishi13/bB2i1.html.

[2] 美国前总统胡佛被曝曾在中国河北煤矿打工 [EB/OL].（2013–11–25）

[2019-10-21].https://net.blogchina.com/blog/article/1627074.

[3]“美国任性”就是给世界挖坑儿[EB/OL].（2018-09-29）[2019-07-05].http://news.haiwainet.cn/n/2018/0929/c3541523-31406828.html?nojump=1.

[4]胡国华.新教材完全解读·高二历史：下册[M].长春：吉林人民出版社，2003: 83.

[5]黄安年.二十世纪美国史[M].石家庄：河北人民出版社，1989: 143.

[6]詹姆斯·戴维·巴伯.总统的性格：第4版[M].赵广城，译.北京：中国人民大学出版社，2015.

第三章

[1]詹姆斯·戴维·巴伯.总统的性格：第4版[M].赵广城，译.北京：中国人民大学出版社，2015.

第四章

[1]詹姆斯·戴维·巴伯.总统的性格：第4版[M].赵广城，译.北京：中国人民大学出版社，2015.

第五章

[1]借秘密录音还原40年前的“水门事件”[EB/OL].（2014-08-26）[2021-03-18].http://www.xinhuanet.com//world/2014-08/26/c_126918268_2.htm.

[2]任东来，陈伟，白雪峰，等.美国宪政历程：影响美国的25个司法大案[M].北京：中国法制出版社，2005: 295.

[3]1972年尼克松“水门事件”比想象的更黑暗[EB/OL].（2017-03-15）[2020-07-23].http://m.people.cn/n4/2017/0315/c677-8570385.html?from=

singlemessage.

[4] 传奇中的传奇：深喉 [EB/OL].（2005-06-05）[2020-07-23].https://news.sina.com.cn/w/2005-06-05/04356082569s.shtml.

[5] 刘田玉：中西权力监督模式的演化和特征 [EB/OL].（2007-01-09）[2020-07-23].

[6] 詹姆斯·戴维·巴伯 . 总统的性格：第 4 版 [M]. 赵广成，译 . 北京：中国人民大学出版社，2015.

第六章

[1] 熊崧策 ."万人迷"总统里根诞辰百年 [J]. 文史参考，2011（3）：66-67.

[2] 里根国葬规模超越肯尼迪（图）[EB/OL].（2004-06-12）[2019-07-30].http://news.sohu.com/2004/06/12/77/news220497759.shtml.

[3] 罗一然 . 美国总统里根执政时期的教育政策研究 [D]. 福州：福建师范大学，2014: 26-27.

[4] H.W. 布兰兹．里根传（上）[M]. 杨清波，向平，译 . 北京：中信出版社，2016: 12, 20-21, 50, 113, 341-342.

[5] 郑建邦 . 国际关系辞典 [M]. 北京：中国广播电视出版社，1992.

[6] 陈宝森 . 评里根时代的美国经济 [J]. 世界经济 .1988（8）：2.

[7] 白建才 . 试论冷战结束的一个原因 [J]. 历史教学，1999（1）：10-13.

[8] 美股逆转揭秘：美国"救市指挥部"浮现，30 年前由里根创建 [EB/OL].（2018-12-28）[2019-07-31].https://3g.163.com/dy/article/E44KE5MT05451JZL.html?spss=adap_pc.

[9] 桂立 . 苏美关系 70 年 [M]. 北京：人民出版社，2005: 417.

[10] 高腾 . 里根政府对苏政策转变原因探析 [D]. 济南：山东师范大学，

2017.

[11] 严波 . 美国国内政治生态与台湾问题上的“双轨政策”——以里根时代为例 [J]. 台湾研究集刊 , 2006（2）: 27-33, 42.

[12] 美国前第一夫人南希 · 里根去世 图集展示其一生（组图）[EB/OL].（2016-03-07）[2019-10-15].http://world.people.com.cn/n1/2016/0307/c1002-28177621.html.

[13] 星球大战计划 [EB/OL].[2019-10-11].https://baike.baidu.com/item/%E6%98%9F%E7%90%83%E5%A4%A7%E6%88%98%E8%AE%A1%E5%88%92/257671?fr=aladdin.

[14] 伊朗门事件 : 里根总统曾向霍梅尼偷偷卖军火 [EB/OL].（2015-08-13）[2019-07-20].http://wd.m.sohu.com/n/418651155/.

[15]1986 年伊朗门事件被媒体曝光 : 美国秘密军售伊朗赚 1000 万 [EB/OL].（2019-11-02）[2020-03-06].https://new.qq.com/omn/20191102/20191102A04TUP00.html.

[16] 詹姆斯 · 戴维 · 巴伯 . 总统的性格 : 第 4 版 [M]. 赵广成 , 译 . 北京 : 中国人民大学出版社 , 2015.

第七章

[1] 陈小方 . 克林顿基金会被曝“违规”接受外国捐款 [EB/OL].（2015-03-03）[2019-10-23].http://news.hebei.com.cn/system/2015/03/03/015063091.shtml?from=singlemessage.

[2] 高文宇 . 克林顿联手作家推出悬疑小说 内容涉及全球性事件幕后猛料 [EB/OL].（2018-05-22）[2019-08-24].https://baijiahao.baidu.com/s?id=1601112208800766052&wfr=spider&for=pc.

[3] 奥巴马向克林顿颁发总统自由勋章 为肯尼迪献花环 [EB/OL].（2013-11-21）[2019-10-28].https://www.chinanews.com.cn/gj/2013/11-21/5528155.shtml.

[4] 老布什葬礼举行 特朗普和 4 位前总统都来了 [EB/OL].（2018-12-06）[2019-08-24].https://baijiahao.baidu.com/s?id=1619037666215159339&wfr=spider&for=pc&searchword.

[5] 奥巴马将向克林顿等 16 人授美国“总统自由勋章”[EB/OL].（2013-08-09）[2019-10-28].https://www.chinanews.com.cn/gj/2013/08-09/5142591.shtml.

[6] 美国前总统克林顿获得美国职业高协最高荣誉 [EB/OL].（2014-06-19）[2019-10-25].http://sports.sina.com.cn/golf/2014-06-19/00047215712.shtml.

[7] 梁燕 . 美国人怀念克林顿 民主党请他支招 老百姓说他能干 [EB/OL].（2003-06-21）[2019-11-18].https://news.sina.com.cn/w/2003-06-21/12331201303.shtml?from=wap.

第八章

[1] 杨洁勉 . 中美关系面临考验——布什新政府对华政策 [J]. 美国研究，2001, 15（2）: 21-35.

[2] 彭峥 . 小布什时期的对外贸易政策及其对中国的影响 [D]. 保定 : 河北大学 , 2010.

[3] 刘林元 , 聂资鲁 . 乔治 · W. 布什政府执政初期对华政策评析 [J]. 新东方，2002（03）: 44-49.

[4] 陈继勇 . 美国新经济周期与中美经贸关系 [M]. 武汉 : 武汉大学出版社，2004: 100-103.

[5] 付美榕 . 美国经济史话 [M]. 北京 : 对外经济贸易大学出版社 , 2004: 48.

[6] 孙哲 , 李巍 . 国会政治与美国对华经贸决策 [M]. 上海 : 上海人民出版社，

2008: 7, 28.

[7] 宁明 . 克林顿的亚太战略在美全球战略中的位置 [J]. 和平与发展 , 1994（3）: 19–22.

[8] 胡涵均 . 当代中美贸易（1972—2001）[M]. 上海 : 复旦大学出版社 , 2002.

[9] 基辛格 . 大外交 [M]. 顾淑馨 , 等译 . 海口 : 海南出版社 ,1998:807.

[10] 扎卡利亚 . 后美国世界 : 大国崛起的经济秩序新时代 [M]. 赵广成 , 等译 . 北京 : 中信出版社 , 2009.

[11] 江时学 . 新自由主义、“华盛顿共识”与拉美国家的改革 [J]. 当代世界与社会主义 , 2003,（6）: 30–33.

[12] 周岳峰 . 挑战华盛顿共识——斯蒂格利茨教授访谈录 [J]. 马克思主义与现实 , 2003,（5）: 24–27.

[13] 塞缪尔 · 亨廷顿 . 文明的冲突与世界秩序的重建 [M]. 周琪 , 等译 . 北京 : 新华出版社 ,1998.

[14] 何秉孟 . 新自由主义评析 [M]. 北京 : 社会科学文献出版社 , 2004: 196–197.

[15] 各国政要学历大揭秘 哪科出身更吃香 [EB/OL].（2012–09–20）[2016–07–28].http:edu.people.com.cn/n/2012/0920/c1053–1906462/.html.

[16] 小布什时代谢幕 : 别了 , 和中国最靠近的美国总统 [EB/OL].（2009–01–20）[2020–08–19].http://www.china.com.cn/international/txt/2009–01/20/content_18421398.htm.

[17]Bush’s birthplace? It’s deep in the heart of New Haven[EB/OL].（2000–12–24）[2019–06–19].http://www.nytimes.com/2000/12/24/nyregion/bush–s–birthplace–it–s–deep–in–the–heart–of–new–haven.html.

[18]BUSH G W, ADLER B.The quotable George W.Bush:a portrait in his own words[M].Kansas City: Andrews McMeel Publishing, 2004.

[19]SLATER W, MOORE J.Bush's brain:how karl rove made George W.Bush presidential[M].Hoboken:Wiley, 2003:210.

[20]The 1994 Campaign: Texas; In Texas race, a Bush avoids father's errors[EB/OL].（1994–11–07）[2020–08–19].https://www.nytimes.com/1994/11/07/us/the-1994–campaign–texas–in–texas–race–a–bush–avoids–father–s–errors.html.

[21]Hispanics give attentive bush mixed reviews[EB/OL].（2000–08–27）[2020–08–19].http://archive.nytimes.com/www.nytimes.com/librarypolitics/carp/082700wh–bush–latino.html.

[22]The Jesus factor[EB/OL].（2004–05–06）[2020–08–19].https://www.pbs.org/wgbh/pages/frontlire/shows/jesus.

[23]Bush's life–changing year[EB/OL].（1999–07–25）[2020–08–19].http://www.washingtonpost.com/wp–srv/politics/campaigrs/wh2000/stories/bush072599.htm.

[24]Running with president George W.Bush[EB/OL].（2002–10–01）[2020–08–19].https://runnersworld.com/runners–stories/a20797134/running–with–president–george–bush/.

[25]NAVARRO P.The coming China wars:where they will be fought and how they can be won, NJ: FT Press, 2007.

[26]CLINTON H R.Security and opportunity for the twenty–first century[J].Foreign affairs, 2007, 86（6）: 3–18.

[27]KAGAN R.Of paradise and power:America and Europe in the new world order[M]. New York: Vintage Books,2004:144.

[28]KISSINGER H.The three revolutions[N].The Washington post,2008–04–07

（A17）.

[29]MCCAIN J.Remarks to the Los Angeles World Affairs Council[EB/OL].（2010-10-15）[2020-08-19].http://www.johnmccain.com/Informing/News/Speeches/872473dd-9ccb-4ab4-9d0d-ec54f0e7 a497.htm.

[30]LAL D. In praise of empires:globalization and order[M]. New York: Palgrave Macmillan, 2004.

[31]MILNE S. US foreign policy is straight out of the Mafia[N].The guardian, 2009-11-7（A1）.

第九章

[1]OBAMA B.Renewing American leadership[J].Foreign affairs, 2007, 86（4）: 2-16.

[2]President Barack Obama’s inaugural address[EB/OL].（2009-01-21）[2019-06-16].http://obamanhitehouse.archives.gov/blog/2009/01/21/presidert-Barack-obamas-inaugural-address.

[3]ENGLISH C, RAY J. Sub-Saharan Africa leads world in U.S. approval[EB/OL].（2010-05-25）[2019-07-21].https://news.gallup.com/poll/134102/sub-saharan-africa-leads-world-approval.aspx.

[4]BRACHEAR M A. Muslim teens shaped by effects of 9/11 attacks[N].The Chicago tribune, 2010-09-11（Front page）.

[5]PARSONS C.Obama: Faith shouldn’t divide[N].The Chicago tribune, 2010-09-11（7）.

[6]KAGAN R. America:once engaged, now ready to lead[N].The Washington post, 2010-10-01（A19）.

[7]U.S.Department of State.Peace and war:United States foreign policy, 1931–1941[M].Washington D.C.:U.S.Government Printing Office, 1983:848.

[8]ENGLISH C. Global perceptions of U.S. leadership improve in 2009[EB/OL].（2010–02–09）[2019–06–16].http://news.gallup.com/poll/125720/global-perceptions-leadership-improve-2009.aspx.

图书在版编目（CIP）数据

命中注定：对美国九位总统的另类观察 / 王莹莹编著
. — 北京：当代世界出版社，2022.6
ISBN 978-7-5090-1646-6

Ⅰ. ①命… Ⅱ. ①王… Ⅲ. ①总统－人物研究－美国
Ⅳ. ① K837.127

中国版本图书馆 CIP 数据核字 (2021) 第 241155 号

书　　名：命中注定：对美国九位总统的另类观察
出 品 人：丁　云
统筹编辑：刘娟娟
责任编辑：魏银萍　姜松秀　马永一　徐嘉璐
装帧设计：王昕晔
版式设计：韩　雪
出版发行：当代世界出版社
地　　址：北京市地安门东大街70-9号
邮　　编：100009
邮　　箱：ddsjchubanshe@163.com
编务电话：(010) 83907528
发行电话：(010) 83908410（传真）
13601274970
18611107149
13521909533
经　　销：新华书店
印　　刷：北京新华印刷有限公司
开　　本：710毫米 × 1000毫米　1/16
印　　张：14
字　　数：178千字
版　　次：2022年6月第1版
印　　次：2022年6月第1次
书　　号：ISBN 978-7-5090-1646-6
定　　价：79.00元

图书在版编目（CIP）数据